C·G· JUNG
OS LIVROS NEGROS

1913–1932

C·G· JUNG
OS LIVROS NEGROS

1913–1932
CADERNOS DE TRANSFORMAÇÃO

LIVRO 4

Editado por
SONU SHAMDASANI

TRADUÇÃO	REVISÃO DA TRADUÇÃO
MARKUS A. HEDIGER	DR. WALTER BOECHAT

PHILEMON SERIES
Em colaboração com a Fundação para as Obras de C.G. Jung

EDITORA VOZES
Petrópolis

IV

La somma sapienza e il primo amore.

15.I.14 Fortsetzung: (von III)

Ich denke auch, dass es erstaunlich ist, dass ich gerade Thomas a Kempis verlange.

J. „Wundert es Sie, dass ich gerade Thomas a Kempis verlange."

B. „Nun ja, das Buch wird selten verlangt und gerade bei Ihnen hätte ich jedes Interesse nicht erwartet."

J. Ich muss gestehen, ich bin auch etwas von Ihrem Einfall überrascht. Aber ich habe neulich einmal eine kurze Passage in Thomas a Kempis gelesen, die mir einen besonderen Eindruck gemacht hat; warum kann ich eigentlich nicht genau sagen. Es war ~~speciell~~ besonders das Problem der Nachfolge Christi.

B. Haben Sie speciell theologische oder historische Interessen oder —

J. Sie meinen wohl — oder ob ich es zur Andacht lesen werde?

B. Lächelnd: Nun Letzteres wohl kaum.

J. Wenn ich Thomas a Kempis lese,
so geschieht dies eher zum Zwecke der
Andacht oder etwas dem ähnlichem, als aus
wissenschaftlichen Interessen.

B. Sind Sie denn so religiös — das wüsste ich
gar nicht (etwas spöttisch lächelnd.)

J. Sie wissen, dass ich die Wissenschaft ausserordentlich hoch schätze, aber es giebt wahrhaftig Augenblicke im Leben, wo auch die
Wissenschaft uns leer und krank lässt. In solchen
Momenten bedeutet ein Buch wie das des Thomas
mir sehr viel, denn es ist aus der Seele
geschrieben.

B. Aber etwas sehr alt modisch. Wir können
uns doch heutzutage nicht mehr auf christliche
Dogmatik einlassen.

J. Mit dem Christenthum sind wir nicht
aus Ende gekommen, wenn wir es einfach weglegen. Es scheint mir, als sei mehr dabei,

als wir sehen.

B. Was soll dem Dransein?

J. Auf was für Gründe hin und zu dem
in welcher einem Alter legt man es denn
weg? Meistens zur Zeit des Studiums
oder etwas früher? Nennen sie das ein
besonders urtheilsfähige Zeit? Und haben
sie einmal die Gründe genauer untersucht,
auf die hin man die positive Religion
weglegt? Die Gründe sind meistens unglaublich winzig, z. B. weil der In-
halt der Glaubens mit der Naturwissen-
schaft oder Geschichte collidire.

B. Das ist, wie ich finde, gar nicht
etwa ein unbedingt zurückzuwähnender
Gegengrund, obschon es noch bessere
Gründe giebt. Der Mangel an Wirk-
lichkeitssinn in den positiven Religionen
halte ich z. B. direct für einen Schaden,
übrigens ist auch nicht hohe Ernst genug für

für die durch den Zerfall der Religion herbeigeführten Verlust an Gelegenheit zur Andacht. Nietzsche z. B. hat mehr als ein wirkliches Andachtsbuch geschrieben.
J. Das ist in einem gewissen Sinne richtig. Aber besonders Nietzsche's Wahrheit ist mir zu unruhig und aufreizend — gut für Solche, die noch zu befreien sind. Aber solche ist seine Wahrheit auch nur für solche Leute gut. Wir scheinen letzter Zeit Glaube entdeckt zu haben, bedürfen wir aber auch einer Wahrheit für solche, die in die Enge zu gehen haben. Für Solche ist eine depressive Wahrheit, welche den Menschen verkleinert und verinnerlicht, vielleicht mehr von Nöthen.
B. Aber ich bitte Sie, Nietzsche verinnerlicht doch den Menschen ganz ausserordentlich!
J. Vielleicht haben Sie von Ihrem Standpunkte

ein Recht, aber ich kann mich des Eindrucks nicht erwehren, dass Nietzsche für die Ohren zu denen spricht, denen mehr Freiheit wohl thäte, nicht aber zu denen, die hart mit dem Leben zusammengestossen sind und aus Wunden bluten, die sie an den Dingen der Wirklichkeit geholt haben.

B. Aber auch solchen Menschen giebt Nietzsche ein kostbares Gefühl der Überlegenheit.

J. Ich kann das nicht bestreiten. Aber ich kenne Menschen, die nicht der Überlegenheit bedürfen, sondern der Unterlegenheit.

B. Sie sehen mich sehr paradox an. Ich verstehe Sie nicht. Unterlegenheit dürfte doch wohl kaum ein Desideratum sein.

J. Vielleicht verstehen Sie mich, wenn ich statt Unterlegenheit „Ergebung" sage, ein Wort, das man früher viel hörte, neuer Dings aber recht selten.

B. Es klingt auch sehr christlich.

J. Wie gesagt, am Christentum scheint allerhand zu sein, was man vielleicht noch mit nehmen sollte. Nietzsche ist zu sehr Gegensatz. Die Wahrheit hält sich leider wie Alles Gesunde und Dauerhafte mehr an den Mittelweg, den wir zu Unrecht perhorrescieren.

B. Ich wusste wirklich nicht, dass Sie eine so vermittelnde Stellung einnehmen.

J. Meine Stellung ist mir nicht ganz klar. Wenn ich vermittle, so vermittle ich jedenfalls in einer sehr eigentümlichen Weise.

In diesem Moment bringt der Diener das Buch — und ich verabschiede mich vom Bibliothekar.

17.II.14. Ich stehe in der Vorhalle und sehe zu der Thüre links hinüber. Mein kleines Buch habe ich in die Tasche gesteckt.

Ich gehe zur Thüre links, auch die ist offen — eine grosse altmodische Küche, sehr reinlich und ordentlich — über dem sauberen Herd ein gewaltiger Kaminhut. Zwei lange Tische stehen in der Mitte des Raumes, daneben Bänke An den Wänden stehen auf Regalen blitzende messingene und kupferne Pfannen und Schüsseln.

Am Herd steht eine grosse dicke Person — offenbar die Köchin — mit einer grossen carrierten Schürze. Ich begrüsse sie stark befremdet — auch sie scheint verlegen zu sein.

J. „Könnte ich mich ein bischen hier hereinsetzen? es ist kalt draussen und ich muss auf etwas warten."

K. Bitte, nehmen sie mir Platz.

Sie wischt den Tisch vor mir mit einem Tuch ab. Da ich nichts anderes zu thun weiss, hole ich meinen Thomas a Kempis hervor und beginne zu lesen. Die Köchin ist natürlich neugierig und betrachtet mich verstohlen. Hie und da geht sie an mir vorbei.

K. Erlauben sie, sind sie vielleicht ein geistlicher Herr?

T. Nein. Warum denken sie das?

K. Oh ich dachte bloss so, weil sie so ein kleines schwarzes Buch lesen. Ich hab' auch so eins von meiner Mutter selig noch.

T. So, was ist denn das für eins?

K. Es heisst: die Nachfolge Christi. Es ist ein so schönes Buch. Ich bete oft Abends drin.

T. Das haben sie gut errathen. Das ist auch die "Nachfolge Christi", was ich hier lese.

K. (lächelnd): Das glaub' ich nicht — so ein Herr wird doch so ein Büchlein nicht lesen; — wenn Sie kein Pfarrer sind.

J. Warum soll ich es nicht lesen? Es thut mir auch gut, etwas Rechts zu lesen.

K. Meine Mutter selig hat es noch auf dem Totenbett bei sich gehabt und es mir noch, kurz bevor sie starb, in die Hand gegeben.

Während sie spricht, blättere ich gedankenlos in dem Buche: mein Blick fällt im 19ten Hauptstück auf folgende Stelle:

„Die Gerechten bauen im Vorsatze mehr auf die Gnade Gottes, auf die sie bei allem, was sie nur unternehmen, vertrauen, als auf ihre eigene Weisheit."

Nun, Henri Bergson, denke ich, da hast du's ja — das ist doch nicht weniger die ächte und rechte intuitive Methode.

J. (zur Köchin) Ihre Mutter war eine kluge Frau, sie hat wohl daran gethan, Ihnen dies Buch zu hinterlassen.

K. Ja, gewiss — es hat mich schon oft in schweren Stunden getröstet (sie wischt sich die Augen aus) und man kann sich immer einen Rath drin holen.

Ich denke, man könne auch der eigenen Nase nachgehen; das sei auch intuitive Methode. Aber die schöne Form, in der es der Christ thut, dürfte doch wohl von besonderem Werth sein.

Eine innere Unruhe fasst mich. Was soll werden?

Ein merkwürdiges Rauschen und Schnurren ertönt — und plötzlich braust es in den Raum wie eine Schaar grosser Vögel mit rauschenden Flügelschlägen — wie Schatten sehe ich viele Menschengestalten vor

eile, und ich höre aus vielfachem
frau-rauhem Stimmengewirr die Worte:
„kommt uns anbeten im Tempel."
„Wohin eilt ihr?" rufe ich — ein
bärtiger Mann mit wirrem Haupthaar
und düster leuchtenden Augen bleibt
stehen und wendet sich zu mir:
„Wir wandern nach Jerusalem,
um am allerheiligsten Grabe zu beten."

I. „Nehmt mich mit".
G. Du kannst nicht mit, du hast
einen Körper. Wir sind Tote.
I. Wer bist du?
G. Ich heiße Ezechiel und bin ein Wieder-
täufer. Ich bin vor mehr als 300 Jahren
gestorben.
I. Wer sind die, mit denen du wanderst?
G. Das sind meine Glaubensgenossen.
I. Warum wandert ihr denn?

E. Wir können nicht enden, sondern müssen wallfahren zu allen heiligen Stätten.

J. Was treibt euch denn dazu?

E. Das weiss ich selber nicht. Aber es scheint, wir haben doch immer keine Ruhe, obwohl wir im rechten Glauben gestorben sind.

J. Wesswegen habt ihr keine Ruhe, wenn ihr doch im rechten Glauben gestorben seid?

E. Es scheint mir immer, als ob wir mit dem Leben nicht recht zu Ende gekommen wären.

J. Merkwürdig — wieso das?

E. Es scheint mir, wir vergassen etwas wichtiges. Als ob man hätte gelebt werden sollen.

J. Und was wäre das?

E. Weisst du es? (Er fasst gierig und unheimlich nach mir, seine Augen leuchten wie vor innerer Brunst.)

J. Lass los, Daemon — du hast

dem Thier nicht gelebt!

vor mir steht d. Köchin mit entsetztem Gesicht, sie hat mich an den Armen gefaßt und hält mir fest.
K. "Um Gottes willen, um Gottes willen Hilfe — was ist mit Ihnen? Ist Ihnen schlecht?"

Ich chauere sie verwundert an und besinne mich, wie scheinen Nichtlein. Aber schon stürzen fremde Leute herein, da ist auch der Herr Bibliothecarius grenzenlos erstaunt — dann maliciös lächelnd:

"Oh, das habe ich mir doch gedacht — schnell die Polizei!"

Ehe ich mich zusammenlesen kann, werde ich durch einen Gang zu ihm —

schüttemelt in mein Wagen gezohlen. Ich halte meinen Thomas noch immer fest umklammert und denke, was sagt er jetzt wohl zu deiner neuen Situation? Ich schlage auf und mein Blick fällt auf das 13ten Hauptstück; da hier es:

„So lange wir hier auf Erdenleben, können wir den Versuchungen nicht entgehen."

„Es ist kein Mensch so vollkommen, und kein Heiliger so heilig, der nicht noch manchmal versucht werden könnte. Da wir können ohne Versuchungen gar nicht sein."

Weiser Thomas, du weißt wirklich immer eine passende Antwort! Was hat der verrückte Wiedertäufer nicht gemerkt, sonst hätte er ruhig endenkönnen. Rerum omnium satietas vitae facit satietatem — satietas vitae tempus maturum mortis affert, sagt Cicero.

Jetzt kann ihnen nicht sehen. Dein Erkenntnis hat mich offenbar mit der Societät in Conflict gebracht. Rechts sitzt ein Polizist und links sitzt ein Polizist.

„Nun", sage ich, „könnten Sie mich ja wieder gehen lassen."

„Das kennen wir schon," sagt der Eine lächelnd. „Seien Sie jetzt morgenruhig."

Also, ins Irrenhaus geht offenbar die Fahrt. Damit kostspielig, aber es scheint, dieser Weg sei auch zu beschreiten. Dieser Weg ist nicht so ungewöhnlich, denn viele unserer Mitmenschen gehen ihn. Es giebt sehr viele Irrenhäuser, aber offenbar auch sehr viele Verrückte.

Wir sind angekommen — ein grosses Thor — eine Halle — ein Wartezimmer — ein freundlicher Oberwärter — und jetzt auch zwei Herren Doctoren. Der Eine

Savonein Klimes Neher Herr Professor.
Pr. „Was haben Sie Kam da für ein Buch?"
7. Das ist der Thomas a Kempis: „Die Nachfolge Christi".
Prof. zum Assistenten: also eine religiöse Wahnform – ganz klar – paranoide Form der Dementia praecox.

Zu mir: Sie sehen, die „Nachfolge Christi" führt heutzutage ins Irrenhaus.

7. Daran ist kaum zu zweifeln, Herr Professor.
Prof. ~~zum Assist~~ Der Mann ist Nritz – offenbar etwas mani- akalisch erregt.

Zu mir: Hören Sie Stimmen?

7. Und ob – heute war es eine ganze Schaar von Wiedertäufern, die durch die Küche schwirrten.

Prof. zum Ass. Nun, da haben wir's ja.
Zu mir: Werden Sie von den Stimmen ver- folgt?

J. Ob mein bewahre, ich suche sie auf.

Prof. Aha, das ist wieder ein Fall, welcher klar beweist, dass die ~~Kranken~~ Halluci-nanten die Stimmen nicht aufsuchen. Das gehört in die Krankengeschichte. Wollen sie sich das, bitte, sofort notieren.

J. Herr Professor, gestatten sie die Bemerkung: das ist durchaus nicht krankhaft: das ist intuitive Methode.

Prof (lachend): Ausgezeichnet. Der Mann hat auch Sprachneubildungen. Nun die Diagnose dürfte hinreichend geklärt sein. ~~sind~~

Also, ich wünsche gute Besserung und halten sie sich recht ruhig.

J. Aber Herr Professor, ich bin ja gar nicht krank, ich fühle mich ganz wohl.

Prof. Sehen sie, mein Lieber, sie haben noch keine Krankheitseinsicht.

zum Assist. Die Prognose ist natürlich schlecht, im besten Fall Defectheilung.

Oberw. Herr Prof. darf der Mensch das Buch behalten?

R. Gewiss, lassen Sie es ihm.

Dann kommt das Inventar meiner Kleider, dann der Bad — und jetzt die Abtheilung. Auf einem Wachsaal werde ich aus Bett gelegt. Mein Bettnachbar links ist im katatonischen Stupor, der rechts ein Endstadium der progressiven Paralyse, die übrigen scheinen Senile und Melancholiker zu sein. Mit nur etwa 10 Stück. Ich geniesse vollendeter Ruhe — bei einiger Unheimlichkeit.

Das Problem des Wahnsinns ist tief — der göttliche Wahnsinn — eine erhöhte Form der Irrationalität des aus uns aufströmenden Lebens — immerhin Wahnsinn, welcher der heutigen Gesellschaft nicht einzu=

gliedernist — doch wie wenn die Ge-
sellschaftsform dem Wahnsinn weiche?

Hier wird es Dunkel und es ist kein Ende
abzusehen.

18 I 14.

Hier verlieren sich alle Fäden und
Allerwelts Linie huscht, hört auf — wie
es sich im Irrenhaus gebührt.

Hier, meine Seele, ist Raum für
Dich, hier magst Du sprechen.

„Worte, Worte, machnicht zuviel
Worte!"

Schweige und höre:
Hast du deinen Wahnsinn erkannt
und giebst du ihn zu?
Hast du gesehen, dass du den Wahn-
sinn beherbergst?
Hast du gesehen, dass alle Unter=

Grunde soll Wahnsinn stecken?

Willst Du denen Wahnsinn nicht anerkennend freundlich bewillkommnen? Du wolltest ja Alles annehmen, was dir an Dir fremdet. Also nimm auch den Wahnsinn an.

Lasse der Licht deines Wahnsinns leuchten, und es soll dir ein grosses Licht aufgehen. Da Wahnsinn ist nicht zu verachten und nicht zu fürchten, sondern du sollst ihm das Leben geben."

Hart, o meine Seele, klingen deine Worte und schwer ist die Aufgabe, die Du mir stellst.

„Wenn du Wege finden willst, hast du auch den Wahnsinn nicht zu verschmähen, da er sicherlich so grossen und wichtigen Theil deines Wesens ausmacht."

Ich weiss es nicht, ob dem so ist wahr

„zu spät, daß du es erkennen kannst, so vermeidest du's, sein Opfer zu werden. Der Wahnsinn ist eine besondere Form des Intellectes und haftet allen Philosophieen, Lehrgebäuden und Theorieen an, noch mehr aber dem tagtäglichen Leben, denn das Leben selbst ist voll Tollheit – wie du es nennst – und essentiell unvernünftig. Nur der Mensch strebt nach Vernunft, damit er nach Regeln nach kann. Das Leben selbst hat keine Regel. Das ist sein Geheimniss. Was du Erkenntniss nennst, ist dem Versuch irgend etwas verstehbares dem Leben aufzunöthigen."

Das klingt Alles sehr trostlos, es erweckt aber meinen Widerspruch.

„Du hast nichts zu widersprechen. Du bist im Irrenhaus."

Das steht der kleine Nike Herr Professor.

Hat er so gesprochen? und habe ich ihn für meine Seele gehalten?

Prof. "Ja, mein Lieber, Sie sind ja total verwirrt. Sie reden ja ganz zusammenhanglos.

J. Ich glaube auch, daß ich mich gänzlich verloren habe. Bin ich wirklich verrückt? Es ist Alles schrecklich verworren und unklar.

Prof. Nur Geduld, es wird sich schon machen. Also, schlafen Sie wohl.

J. Danke. Aber mir ist so bange. — Er entfernt sich. —

Alles wogt und stürzt in mir durcheinander. Es wird Ernst. Das Chaos kommt. Ist dies der unterste Grund? Ich dachte, der Tod wäre der unterste Grund. Oder ist das Chaos auch eine Grundlegung?

Wenn nur dieses furchtbare Wogen nicht wäre! Wie schwarze, schäumende Wogen bricht Alles durcheinander. Ja, das ist der Ocean, der allgewaltige, die nächtliche Fluth.

Dort zieht ein Schiff – ein mächtiger Dampfer – ich trete eben in den Rauchsalon – viele Leute in eleganten Toiletten, sie rauchen, spielen Carten – jetzt scheint alle erkennt mich mir – jemand kommt auf mich zu –

„Was ist mit Ihnen, sie sehen ja aus wie ein Gespenst! Was ist passiert?"

Nichts – aber ich glaube, ich bin übergeschnappt – der Boden wankt.

„Aber wir haben ja heute Abend blos etwas hohen Seegang. Nehmen Sie einen Cocktail. Sie haben die Seekrankheit."

Sie haben Recht, ich bin seekrank – aber in besonderer Weise. Wir leben ja eigentlich im Irrenhaus.

„Na, das Leben kehrt wieder, Sie machen ja schon wieder Witze."

Nennen Sie das Witze? Eben hat euch der Professor für gänzlich verwirrt erklärt.

„Da sitzt er ja und spielt Whist."

Wirklich sitzt der kleine alte Professor an einem kleinen grünen Tisch und spielt mit einigen Herren Karten. Er wendet sich nach mir um und lacht mir zu:

„Na, wo waren Sie denn, kommen Sie her, nehmen Sie auch einen Manhattan, Sie sind ein unglaubliches Original, Sie haben mit Ihren Weisen heute Abend alle Damen in Aufregung gebracht."

a. Herr Professor, das geht über den Spass.

Ebenso wie ich ja noch Ihr Patient."

Allgemeines Gelächter.

Prof. Schaffer: Sie werden es nicht tragisch genommen haben.

1. Um, ins Irrenhaus gesteckt geworden, ist keine Kleinigkeit.

Der Obige, ein Mann mit schwarzem Bart und wirrem Haupthaar und düster leuchtenden Augen:

„Mir ist es schlimmer ergangen, ich bin schon mit 5 Jahren hier."

Ich sehe erst mein Bettnachbar, der offenbar aus seinem Stupor erwacht ist und sich nun aufmein Bett gesetzt hat. Ich bin doch tatsächlich im Irrenhaus.

„Ich bin doch Nietzsche, aber neu getauft, ich bin auch Christus, der Heiland und bestimmt, die Welt zu erlösen, aber sie lassen mich nicht."

?. Wer läßt sie denn nicht?

E. Der Teufel. Wir sind nämlich hier in der Hölle. Sie haben natürlich auch nichts davon gemerkt. Ich bin auch erst im zweiten Jahr meines hiesigen Aufenthaltes darauf gekommen. Der Director ist der Teufel.

?. Das klingt unglaublich.

E. Sie sind eirt ignorant. Ich sollte nämlich Maria, die Gottesmutter, heirathen. Aber der Professor, d. h. der Teufel hat sie in seiner Gewalt. Jeden Abend bei Sonnenuntergang zeugt er mit ihr ein Kind. Am Morgen früh, bei Sonnenaufgang, gebärt sie es. Dann kommen alle Teufel zusammen und das Kind wird jeweils grausam getötet. Ich höre deutlich sein Geschrei.

?. Aber hören Sie, das ist doch eine Myt-

Biologie, was Sie da verbringen.

E. Du bist verrückt und verstehst
darum nichts davon. Du gehörst ins
Irrenhaus.

. Mein Gott, warum sperrt mich
meine Familie immer mit Verrückten zusammen? (Heulend) Ich bin ja der
Erlöser.

Er legt sich wieder zu Bett und
verfällt anscheinend wieder in seinen Stupor.

Ich fasse die Gitter des Bettes, um
um mich gegen das beständige Wogen
zu schützen. Ichblicke stars an die
Wand, um mich mit Blicken anzu-
klammern. An der Wand läuft ein
horizontaler Strich, darunter ist
die Wand dunkler gemalt. Unten steht
ein Heizkörper – ich kann aber nicht
helfen – es ist ein Geländer, darüber
hinaus sieht man aufs Meer – der

Strich ist der Horizont. — und dort
geht jetzt die Sonne auf in rother
Glorie — einsam und herrlich —
über die Maasen gross — darin ist ein
Kreuz — daran hängt eine Schlange
— nein ein Stier, aufgeschlitzt wie
beim Schlächter — oder ein Esel? Nein
ein Widder mit der Dornenkrone —
es ist der Crucifixus selber.

Die Sonne des Martyriums ist auf-
gegangen und schüttet blutige Strahlen
aufs Meer.

Lange währt dieses erhaben-
grausige Schauspiel — und die Sonne
steigt höher — ihre Strahlen werden
heller und küsser und eine weissglü-
hende Sonne brennt auf ein tiefblaues
Meer hernieder. Das wogen hat auf-
gehört. Eine wohlthätige Sommermorgen-

ruhe liegt auf dem flimmernden
Meer. Salziger Wasserduft erhebt sich
eine matte breite Brandungswoge
bricht mit dumpfem Donner an
dem warmen Sande und immer
wieder erneut kehrt sie wieder — zwölf-
mal — wie die Glockenschläge der Welt-
uhr. Und jetzt tritt Stille ein — kein
Laut — kein Hauch. Alles ist starr
und totenstill.

Das Meer ist ein Spiegel der
weissstrahlenden Sonne geworden.

Schwere, heimlich beklommen.

Ich sehe eine Palme, einen unge-
heuren Baum dem Meere entsteigen,
seine Krone reicht zum Himmel und
seine Wurzeln greifen hinab bis ins
Innere der Erde.

Seine Zweige sind umflattert von
Millionen von Vögeln.

Ich bin ganz einsam und verzagt
und schauervollferne. Es ist, wie wenn das
Leben aus mir entflohen wäre, ganz dahin-
gegeben an das Unsehbare und Furchtbare. Ich bin ganz schwach und un-
fähig.

„Erlösung" flüstere ich.

„Hier giebt es keine Erlösung, sondern
Sie haben sich ruhig zu verhalten, sonst
stören Sie die Andern. Es ist Nacht und
andere Leute wollen schlafen."

Ich sehe, es ist der Wärter. Der Saal
ist düster erhellt durch eine kleine Lampe
und unsägliche Traurigkeit lastet über
diesem Raume.

„Ich fand den Weg nicht."
W. „Sie brauchen jetzt keine Wege zu suchen."

Er spricht die Wahrheit: man braucht
keinen Weg zu suchen. Der Weg, oder was

es immer zu, worauf man geht, ist
unser Weg, der rechte Weg. Es giebt keine
gebahnten Wege in die Zukunft. Wir sagen,
es sei dieser Weg, und er ist es. Wir bauen
die Strassen, indem wir gehen. Unser Leben ist
die Wahrheit, die wir machen. Mein Leben
ist der Weg, für die die nach mir kommen.
Denn mein Leben ist meine Wahrheit, die
Wahrheit überhaupt. Wir schaffen die
Wahrheit, indem wir sie zuerst leben. Erst
nachträglich wird Leben zur Wahrheit.
Nicht zuerst finden wir Wahrheit und dann
leben wir sie, sondern es ist umgekehrt.

19. I. 14.
Ich bin erschlafft. Ich kann
nicht. Nicht ich kann. Es thut es
durch mich. Ich warte.

„Die Steine sollen aus den Augen ge-
hoben werden, damit ein freier Durch-
pass entstehe zwischen hier und dort —

zwischen ja und nein, zwischen oben und unten, zwischen links und Rechts.

Es sollen lustige Gänge gebaut werden zwischen allen entgegengesetzten Dingen; leichte, glatte Strassen sollen von einem Pol zum andern führen.

Eine Waage soll aufgestellt werden, deren Züngelein leise schwankt.

Eine Flamme soll brennen, die vom Wind nicht verweht wird.

Ein Strom soll fliessen nach seinem tiefsten Ziel.

Es sollen die Herden wilder Thiere zu ihren Futterplätzen ziehen auf ihren alten Wechseln.

Ein Pfeil soll fliegen seine gebogene Bahn.

Ein Gedanke soll sich erheben wie eine Lerche aus der Saat.

Und das Leben?

Das Leben geht fürderhin seine Bahn von Geburt zu Tod und von Tod zu Geburt — von Sinn zu Wahnsinn und vom Wahnsinn zu Sinn — ungebrochen wie die Bahn der Sonne. Alles geht diese Bahn.

—————

Die Empörung lauert hinter der Thüre. Lass sie lauern — wenn du auf sie wartest, kommt sie. ✗

Freue dich des ungeschmälerten Lichtes und sei ganz dich selber —

—————

Die Rede des Verworrenen ist wie zerhacktes Stroh — sagt der Professor —. Die Rede des Gesunden ist demnach wie uneingehacktes Stroh — sagt der Wahnsinnige — also einfach länger.

—————

Trostlose Übelkeit liegt auf mir. Hölle ist ein gutes Wort für diesen Zustand.

Ich spiele lässig und grausam mit mir selber — aber wenn dies der Weg des Lebens ist? Man hat ihn nur zu gehen.

Ist es Tag oder Nacht — schlafe ich oder wach ich? Habe ich gegessen oder nicht gegessen? Lebe ich oder bin ich schon gestorben?

Blinde Finsterniss umlagert mich.

Eine graue Mauer — ein grauer Dämmerungsarm kriecht an ihr entlang wie eine runde, dickaufgeschwollene Eidechs. Sie hat ein rundes Gesicht und lacht. Das Lachen ist erschütternd und erlösend wirklich. Ich schlage die Augen auf: Da steht die Deke

Köchin vorwurf:

„Sie haben so einen gesunden Schlaf. Sie haben ja länger als eine Stunde geschlafen."

?. Wirklich — habe ich geschlafen? Mir hat wohl mir geträumt — was für ein schreckliches Spiel! Ich bin in dieser Küche eingeschlafen. Das ist wohl das Reich der Mutter?

K. Trinken Sie ein Glas Wasser, sie sind ja noch ganz schlaftrunken.

?. Ja, dieser Schlaf kann Einen trunken machen. Wo ist mein Thomas? Da liegt er ja aufgeschlagen — und zwar am 21ten Hauptstück:

„Über Alles und in Allem, meine Seele, suche deine Ruhe allezeit in dem Herrn; denn er ist die ewige Ruhe aller Heiligen."

Ich lese die Stelle laut vor — hinter jedem Wort ein erstauntes Fragezeichen setzend.

K. Wenn Sie mit diesem Satz eingeschlafen sind, dann müssen Sie wohl einen schönen Traum gehabt haben.

I. Ich habe allerdings geträumt — an den Traum werde ich denken.

Übrigens sagen Sie mir, bei wem sind Sie denn eigentlich Köchin?

K. Beim Herrn Bibliothecarius. Er liebt eine gute Küche und ich bin schon seit vielen Jahren bei ihm.

I. Oh, das hab' ich gar nicht gewusst, dass der Bibliothecarius eine solche Küche besitzt.

K. Ja, Sie müssen wissen, er ist ein Fein-schmecker.

J. Leben Sie wohl, jungfer Köchin, ich danke bestens für Nürnberger.

K. Bitte, bitte, die Ehre ist ganz auf meiner Seit.«

Nun bin ich draussen. Also das war die Küche des Herrn Bibliothecarius —! Wer weiss wohl, was darin gekocht wird? Er hat wohl nie einen Tempelschlaf darin versucht. Er nährt sich bloss bürgerlich daraus.

Ich glaube, ich will ihm den Thomas zurückbringen.

Ich trete in die Bibliothek ein, es ist Alles wie früher.

B. Ach guten Abend, da sind Sie ja wieder!

J. Guten Abend, Herr Bibliothekar, da bring' ich den Thomas wieder. Ich habe noch ein bisschen nebenan in Ihrer

Küche gesetzt, um zu lesen — allerdings ohne Qualmen, denn er Ihre Küche nie.

B. Oh ich bitte, das macht gar nichts. Hoffentlich hat meine Köchin Sie gut aufgenommen.

J. Ich kann mich garnicht beklagen, ich habe sogar ein Nachmittagsschläfchen über dem Thomas gehalten.

B. Das wundert mich nicht. Die Andachtsbücher sind entsetzlich langweilig.

J. Ja, für Unsereinen. Aber für Ihre Köchin bedeutet das kleine Buch doch viel Erbauung.

B. Nun ja, für die Köchin.

J. Haben Sie auch schon in Ihrer Küche einen Inkubationsschlaf gehalten?

B. (lachend) Nein, auf die Idee bin ich nicht mal gekommen.

J. Ich sage Ihnen, sehen könnten Sie was

kommen über Ihre Küche.
    Adieu, Herr Bibliothecar!

    Ich gehe hinaus in den Gang
und öffne den grünen Vorhang.
Aussen eine schöne grosse Halle mit
Säulen und einem Ausblick auf
einen prachtvollen Garten — Klingsor's Zaubergarten — dort stehen
zwei — Amfortas und Kundry —
oder vielmehr — wer sehe ich? — es
ist der Herr Bibliothekarius und
Kundry ist die Köchin. Er ist blass
und hat einen verdorbenen Magen, mir
ist enttäuscht und zornig...

    Links steht Klingsor und hält
die Feder, die der Herr Bibliothekarius
hinter dem Ohr trug. Abscheulicher Qual;
Klingsor trägt meine Züge.

Doch nun von Rechts tritt Parcifal
auf, auch er trägt meine Züge.

Klingsohr schient tot, mit ihnen
eine Feder nach Parcifal. Dieser aber
fängt sie auf.

Die Scene verwandelt sich:
Ein einfaches Zimmer, an einem Schreib-
tisch sitzt Parcifal in moderner Kleidung
und beschreibt die Wunder seiner Helden-
laufbahn.

Und nun knie ich wieder – das Supplicium des Charfreitags beginnt;

Parcifal tritt auf – langsamen Schritts.
Das Haupt bedeckt vom schwarzen Helm,
er trägt Löwenfell und Keule und
moderne schwarze Beinkleider.

Ich sträube mich und strecke
abwehrend die Hände aus –, "Heilig –
Himmesschänder" braust es in's meine
Ohren.

45 [4·40]

Parcifal entblößt sein Haupt — ich
bin es — travestiert im Helden.

Kein Erremany ist da, der ihn ent-
sühnte und ihm die Weihe gäbe. Kundry
steht sonferne, verhüllt ihr Haupt — und —
lacht.

Ich aber entkleidige mich gedulds[?] meiner
Rüstung und gehe in meinem Büsser-
hemde zum Quell, wasche allein meine
Hände und Füsse und taufe mich auf
meinen Namen, als den, der ich bin.
Dann lege ich mein Büsserhemd ab und
kleide mich in meine bürgerliche Kleidung.
Ich trete aus der Scene heraus und
nähere mich mir selber, der ich noch
immer erstarrt auf den Knieen liege.
Ich hebe mich selber vom Boden empor und werde eins mit mir selber.

22 I 1914.

Danach nun gehe ich weiter mit der Spannung eines Menschen, der etwas Neues erwartet, das ihm zuvor nie geahnt hat. Gewarnt und belebt und unverzagt nach der Tiefe hinhörend, nach Aussen bemüht ein vollermenschliches Leben zu leben.

————|————

„Höre und Schreibe:

Es ist Alles dunkel, wohin du greifst in dieser Tiefe — auch mir selber ist es dunkel und ich kann nur Stücke losbrechen — Bruchtheile von Ganzheiten — denn nichts ist fest, und Alles bloss möglich. Willst Du das fragmentarische, das Zerstückelte annehmen? Willst Du den Fetzen, statt des ganzen Gewandes, den Knopf statt der Hose, die Kerze statt der Sonne? Willst Du Sinnlos-Zusammengerührtes, Zerknirschtes, Abgebröckeltes?

Ich will, meine Seele, dankbar annehmen, was Du giebst. Nicht uns steht das Recht zu, zu urteilen und zu verwerfen. Das Schicksal wird die Spreu von dem Weizen sondern. Wir haben uns auch der Werthloserklärung und der Zerstörung zu unterwerfen in majorem vitae gloriam.

So höre, es giebt hier unten alte Panzer, Rüstzeuge unserer Väter, vom Rost zerfressen, moderige Lederriemen hängen daran, wurmstichiges Lanzenschaft, verbogene Speerspitzen, zerbrochene Pfeile, verfaulte Schilde, Schädel, Totengebeine von Mann und Pferd, altes Geschütz, Steinschleudern, zerfallene Brandfackeln, zerschmettertes Sturmzeug — Alles, was Schlechten der Vorzeit auf dem Felde liegen liessen. Willst Du alles anschauen?

Ich nehme an, meine Seele, Du weisst es besser. Was immer Du aus-

schlechtest, soll mir willkommen sein.
Vielleicht erlaubt er mir ein Glückseal, Ge-
brauch davon zu machen.

Hier giebt's noch Älteres: Steinspitzen,
Steinkeulen, scharfe Knochen, spitze Zähne,
gedrückt für Pfeile. Das Holz ist so modrig,
dass es zerfällt, schwarzverkohlte Tuch-
lappen liegen herum, Scherben schwarzer
und rother Thongefässe, verkohlter Waizen,
zerschlagene und ausgesagte Knochen — Alles,
was ein Urzeit dort weggeworfen und verloren
hat. Willst Du auch das?

Ich will, gieb es mir. Ich bin
Dir dankbar.

Ich finde bemalte Steine, geritzte Knochen
mit magischen Zeichen, Zaubersprüche auf
Lederlappen und Bleiplättchen, schmutzige
Beutel mit Zähnen, Menschenhaaren
und Fingernägeln gefüllt, zusammenge-
bundene Hölzer, schwarze Kugeln, vermoderte
Thierherzen — alten Aberglauben, den frühere

vorher entdeckt. Willst Du all
das?

Ich nehme Alles an. Wie soll ich
etwas daran weisen? Weiß ich, ob es nicht
gut ist, zu zu heben?

So nimm all das auf Dich in
täglicher Arbeit. Ich finde aber schlim-
meres — Brudermord — feigen Tot-
schlag — Tortur — Kindsopfer — Aus-
rottung ganzer Völker — Brand —
Verrath — Kriege — Empörung —
auch das?

Auch das, wenn es sein muss. Ihr
wie kann ich urtheilen?

Ich finde Seuchen — Natur-
katastrophen — gesunkene Schiffe —
zerstörte Städte — Hungersnöthe — furchtbare Thiere der
Wildnis — Niederträchtigkeit der Menschen —
und Angst — ganze Berge von Angst.

Es alles sein, weil du es giebst.

Ich finde die Schätze aller vergangenen Culturen — herrliche Götterbilder — weite Tempel — Malereien — Papyrusrollen — Pergamentblätter mit den Schriftzeichen vergangener Sprachen — Bücher voll verschollener Weisheit — Lieder und Gesänge alter Priester — die Geschichten, welche durch tausend Generationen erzählt werden.

Das ist eine Welt — diesen Umfang vermag ich nicht zu fassen. Wie kann ich annehmen?

„Du wolltest doch Alles annehmen, was ich dir herausreiche? Du siehst, das kennt keine Grenzen nicht. Kannst du dich noch nicht beschränken?"

Ich muss mich beschränken. Wer vermöchte diesen Reichthum je zu fassen?

„Also sei beschränkt und baue deinen Garten mit Genügsamkeit."

Ich will es thun. Ich sehe, dass es
sich nicht mehr lohnt, ein grösseres Stück der
Unermesslichkeit zu erhoffen, statt eines
kleineren. Ein kleiner Garten, gut gepflegt, bedeutet mehr als ein grosser
Garten, schlecht gepflegt. Im Angesicht
der Unermesslichkeit sind beide Gärten gleich
klein, aber nicht gleich gut gepflegt.

„Nimm eine Scheere und beschneide deine
Bäume."

23 I/14

Gleichmüthig und ruhig scheinst
Schrittes scheinst du, meine Seele, zu
nahen. Sind wir jenseits der Zwischen-
welt angelangt? Oder langen wir erst
∫ an?

„Noch ist es Nacht, doch scheint
der Tag zu nahen."

Schweres kaum zu hoffen, aus

~~Angst~~ vor meiner Begehrlichkeit, die
nach dem Licht verlangt.

"Gedulde Dich."

Ich habe Geduld gelernt und will sie
~~anwenden~~ gebrauchen. Ich will schweigen
und warten.

"Hörst Du nicht bisweilen etwas?"

Mir ist nichts bewusst; was soll ich
hören?

"Ein Läuten."

Ein Läuten? wovon? Ich höre nichts.

"So höre besser."

Vielleicht im linken Ohr. Was soll's
bedeuten?

"Unglück."

Ich nehme an, was Du sagst. Ich will
geduldig meine Hände hinhalten und Glück

und Unglück empfangen. Was nützt Angst und Empörung?

„So halte deine Hände ausgebreitet empor und empfange, was Dir zukommt."

Was ist es Dein Stab — eine schwarze Schlange — ein schwarzer Stab, geschnitzt in der Form einer Schlange — zwei Perlen, als Augen — ein feiner Goldreif um den Hals. Ist es nicht wie ein — Zauberstab?

„Es ist ein Zauberstab."

Was soll mir Magie? Ist der Zauberstab ein Unglück? Ist Magie ein Unglück?

„Ja, für die, die sie besitzen." Es klingt, wie alte Sage. Wir wunder-

bist du, meine Seele! Was soll
uns Magie?

„Magie soll dir Vieles."

Ich fürchte, Du weckest meine Begehrlichkeit und mein Missverstehen. Du weisst,
der Mensch hört nicht auf schon nach
der schwarzen Kunst zu gieren und nach den
Dingen, die ihm keine Arbeit kosten.

„Magie ist nicht leicht und sie kostet
Opfer."

Kostet sie das Opfer der Liebe? der
Menschlichkeit? Dann gebe ich dir den
schwarzen Stab zurück.

„Sei nicht voreilig, du urtheilst zu
rasch. Magie verlangt nicht diese Opfer.
Sie verlangt andere."

Welches, o meine Seele, sind sie?

Das Opfer, das Magie verlangt, ist

Trost."

Trost? Verstehe ich recht?
Es ist unsäglich schwer, Dich zu verstehen.
Wie ist das zu verstehen?

„Trost ist zu opfern."

Wie meinst Du? Soll der Trost,
den ich gebe, oder den ich empfange
geopfert werden?

„Beide."

Ich bin verwirrt – vergieb – es ist mir
zu dunkel.

„Um des schwarzen Stabes willen
hast Du den Trost zu opfern, den Du
giebst und den Du empfängst."

Von wem empfange ich Trost? Von
denen, die ich liebe? Ja. Ich soll ihn nicht
empfangen dürfen? Ich gebe euch

Trost, denen, die ich liebe. Soll ich diesen
Trost nicht geben? Das bedeutet den
Verlust eines Stückes Menschlichkeit und
an seine Stelle tritt das, was man Härte gegen
sich und andere nennt.

„So ist es?"

Erfordert der schwarze Stab dieses Opfer?

„Er verlangt dieses Opfer."

Kann ich, darf ich dieses Opfer bringen
um des schwarzen Stabes willen? Muss
ich diesen Stab annehmen?

„Willst du oder willst du nicht?"
Ich kann es nicht sagen. Was weiss ich
vom schwarzen Stabe? Wer giebt ihn
mir?

„Das Dunkel, das vor dir liegt.
Es ist dein nächstes Ding, das zu dir kommt.
Willst du es annehmen und ihm dein

Opfer zu Feuer legen?"

Es ist hart, dem Dunkeln, der blinden Finsternis zuopfern — und welch ein Opfer! Den Trost, den man empfängt, zuentragen, ist hart; härter noch scheint mir, Trost zuversagen.

„Die Natur — tröstet Natur? empfängst m Trost?"

Du sagst ein schweres Wort. Welche Einsamkeit forderst du von mir?

„Das ist dein Unglück — und die Macht des schwarzen Stabes."

Wie Süßer ahnungsreich du sprichst! Umschließest du mich mit dem Panzer einiger Härte? Umklammerst du mein Herz mit ehernen Schalen? Ich freute mich der Lebenswärme. Soll ich ihr missen, um — der Magie willen? Was ist Magie?

„Du kennst Magie nicht. Also urtheile, ~~nicht~~ verurtheile nicht. Wogegen sträubst du dich?"

Magie? Was soll Magie?, Ich glaube nicht daran, kann nicht daran glauben. Mir sieht das Herz und Zweifel zieht durch alle Pforten — und der Magie soll ich ein gröstes Stück meiner Menschlichkeit opfern?

„Ich rathe dir gut, sträube dich nicht, und vor Allem — benimm dich nicht so aufgeklärt, wie wenn du nicht im Tiefsten doch an Magie glaubtest."

Du bist unerbittlich. Aber ich vermag nicht an Magie zu glauben oder ich habe eine ganz falsche Idee davon.

„Das Letztere läßt sich hören. Laß nur einmal deine blinden Vorurtheile und kritischen Gesten unterwegs, ~~sondern~~ sonst wirst du ewig nichts verstehen. Willst du noch viele Jahre mit Warten vergeuden?

"Ich bitte dich, liebe Seele. Meine Wissenschaft ist noch nicht überwunden."

"Es ist hohe Zeit, dass du sie überwindest."

"Du verlangst viel, fast zu viel. Aber wenn das fortschreitende Leben diese Überwindung von mir verlangt, so soll es sein. Schließlich — ist Wissenschaft unentbehrlich zum Leben? Ist Wissenschaft Leben? Es giebt Menschen ohne Wissenschaftsleben.

Aber Überwindung der Wissenschaft um der Magie willen — das klingt unheimlich und bedrohlich.

Hast du Angst? Du willst des Lebens nicht wegen? Legt nicht das Leben dir dies Problem vor?"

"Das lässt mich Alles so dumpf und verwirrt. Hast du nicht ein Wort des Lichtes für mich?"

"Oh, du verlangst Trost?

Willst du den Stab oder willst du ihn nicht?"

Du zerreißt mein Herz. Ich will mich dem Leben unterwerfen. Aber wie schwer — wie schwer ist es!

Ich will den schwarzen Stab, weil er das erste Ding ist, das mir das Dunkel giebt. Ich weiss nicht, was dieser Stab bedeutet, was er giebt — ich fühle nur, was er nimmt!

Ich knie nieder und empfange diesen Boten des Dunkels — sei er, was er wolle.

Ich habe den schwarzen Stab empfangen — ich halte ihn, den rätselvollen in meiner Hand — er ist kalt und schwer wie Eisen — die Perlenaugen der Sebhange blicken mich blind und schillernd an. — Was sollst du, geheimnisvolles, unheimliches Geschenk? Alle Dunkelheit

aller Vorzeit rächst sich in die zusammen
harter, schwarzer Stahl! Bist du Zeit
und Schicksal — Essenz der Natur,
hart und ewig trostlos — oder Summe
aller geheimen Schöpferkraft? — Ur-
alte Zauberworte scheinen von dir aus-
zugehen — geheime Wirkung webt um
dich? Welche nächtigen Künste schlum-
mern in dir?

Mit unerträglicher Spannung durch-
dringst du mich. Welche Fratzen sollen
dir entkriechen? Welch furchtbares Geheimnis wirst du ~~weben~~ schaffen?
Wirst du Segen stiften? Wirst du Un-
wetter, Sturm, Kälte und Blitzschlag
bringen oder willst du die Felder
fruchtbar machen und den Leib der
Schwangern segnen?

Was ist das sichtbare Zeichen deines

Seins? Oder bedarfst du dessen nicht,
du Sohn des finstern Khaosses? Genügt
dir dich der nebelhaften Dunkels, dessen
Concretion und Krystall du bist? Wo
in meiner Seele berge ich Dich? In meinem
Herzen? Wehe, soll mein Herz dein
Schrein, dein Allerheiligstes sein? So wähle
dir deine Stätte, ich habe dich aufgenommen.

Welch schwere Spannung du
mit dir führst! Springt der Bogen meiner
Nerven nicht? Ich sehe es zu tragen,
ich habe dem Boten der Nacht Herberge gegeben.

Was regst du, meine Seele?

„Mächtigster Zauber wohnt in ihm."

Mir scheint, ich fühle es und kann
es dochnicht beschreiben, welch wunder-
volle Stärke ihm gegeben ist.

Ich wollte lachen, weil ich so vieles

in Lachen wendet und weil so Vieles vor ihm seine Lösung findet. Hier erstirbt aun der Lachen. Sein Zauber ist fort wie Eisen und kalt wie der Tod.

Wer hilft Reden?

Ich bin allein mit diesem Sohne des Dunkels.

Vielleicht wird er reden?

"Versuche?"

Mein schwarzer Stab, meine Schlange sprichst du? — —

Meine Seele, der Zauber schweigt.

"Vielleicht wird er handeln?"

Vergib mir, meine Seele, ich bin sehr ungeduldig. Aber mir scheint, als müsse etwas geschehen, was die unerträgliche Spannung, die mir der Stab gebracht hat, durchbricht.

"Warte, halte Augen und Ohren

offen."

Mir schaudert — und ich weiß nicht, warum.

„Man schaudert bisweilen vor dem — Größten."

Ich beuge mich, meine Seele, vor unbekannten Gewalten — ich möchte jedem unbekannten Gott einen Altar weihen.

„Zähme deine Ungeduld. Hier hilft nur Warten."

Warten — ich kenne dieses Wort. Auch Herkules, als er das Himmelsgewölbe trug, fand das Warten unter dem Drucke seiner Last beschwerlich.

„Er hatte zu warten, bis Atlas wieder kam" und erhielt das Himmelsgewölbe um der Aepfel willen."

Ich muss mich fügen. Das schwarze Eisen in meinem Herzen scheint mir geheime Kraft zugeben. Sichrer Trotz und wie —

Missachtung der Menschen, — des Opfer
des Trostes — ist es schon vollzogen?

27 I. 14.

Ich muss aus vielen Winkeln zu-
sammenkriechen, in die ich mich verloren habe.
Ich kehre zum schwarzen Schlangenstab
zurück. Er scheint ein festes und mächtiges Stück Tod zu sein.

Der Tod erscheint aber als eine
mir gehörende Macht.

Dieser Gedanke stammt wohl von
der andern Seite. Wie hätte mir solches nur
träumen können? Oder irre ich mich?
Ich lebe nicht zu fragen, sondern nur zu
beschreiben, was die Tiefe spricht.

„Worte der Tiefe" — das wiederholt
sich in mir.

„Worte des Lebens, des nächsten
und dunkelsten Lebens" — sagt eine andere Stimme.
Eitelkeit und Verführung mengten sich

täuschend dazwischen, denn Macht schillert in vielen verlockenden und versuchenden Farben. Macht will äußere Dinge unterjochen, Menschen einspannen, Reichthümer aufhäufen, Gewaltthat verüben. Macht möchte sich des Dienens, Unterwerfens und Gehorchens entschlagen, möchte ernten, wo sie nicht säete, gewinnen, wo nichts zu verlieren ist.

Macht möchte alle kindischen Wünsche sättigen.

Was möchte denn meine Macht?

„Deine Macht möchte Leben."

Ist sie die Macht über das Leben?

„Du wirst sehen."}

Ich sehe einen Stamm, wie einen Kreuzesstamm und die kleine schwarze Flekkagemeinus Stabes windet sich daran empor.

Ich sehe, der Crucefixus hängt am

Höhe, die Schlange kriecht in seine Eingeweide und tritt aus dem Munde des Toten wieder heraus. Sie ist weiss geworden. Sie windet sich am starren Haupte des Toten in die Höhe, sie lagt sich um seine Stirn. Ein Lichterglanz um sein Haupt. Im Osten hebt sich strahlend die Sonne.

„Verstehst Du?"

Ich verstehe, es ist das Wunder der Erneuerung, das Eingehen in den Tod, und die Überwindung des Todes. Doch worauf zielt dieses Bild? Spricht es von Unsterblichkeit?

„Dränge nicht und sei nicht störend vorwitzig." Du kannst nichts erzwingen – was sprichst du von Unsterblichkeit? Was verstehst du davon? Es gibt andere Dinge, die du vielleicht eher fassen kannst. Aber du bist neu-gierig."

Es ist wahr, meine Seele, was du sagst. Ich bin begehrerisch.

„Zähme dich und sei geduldig."

Ich harre und gestehe dir meine völlige Unwissenheit und Leere.

„Lasse regnen, lasse den Wind rauschen, lasse die Wasser fliessen und das Feuer flammen. Lasse jeglichem sein Wachsthum, lasse dem Werdenden seine Zeit."

Soll ich mich wegbegeben, meine Feder niederlegen?

„Ja, das sollst du."

Ich gehorche.

———

Lass mich noch einmal vor Dich treten, lass mich niederknieen und meine Hände bittend emporhalten, damit die unerträgliche Spannung dieses ohnmächtige Nichtkönnen gelöst werde.

Was schließe ich aus? Will ich es nicht hören? Kann ich es nicht fassen? Welches ist die Macht des Stabes? Und der Stab – was ist sein Sinn?

―――――

Ein Tulpenbeet – ein kleiner Garten – ein Häuschen – darin wohnen zwei alte Leute – Philemon und Baucis – Philemon ist ein alter Zauberer, der es nicht vermocht hat, das Alter zu bannen, der es aber anständig lebt. Und seine Frau kann nicht anders, als das Gleiche zu thun. Ihre Lebensinteressen sind enge geworden, kindliche. Sie begießen ihr Tulpenbeet und erzählen sich von den Blumen, die sich neu erschlossen haben. Und ihre Tage dämmern dahin in einem blassen, leicht schwankenden Helldunkel, erhellt von den Lichtern der Vergangenheit, wenig erschreckt von dem Dunkel des Kommenden.

Warum ist Philemon ein Zauberer? Zaubert er sich Unsterblichkeit, ein Leben jenseits? Er war wohl nur Zauberer von Berufswegen, nun scheint er ein pensionierter Zauberer zu sein, der sich vom Geschäft zurückgezogen hat. Seine Begehrlichkeit und sein Schaffensdrang ist erloschen und er genießt alters Unvermögen seiner wohlverdienten Ruhe, wie jeder Greis, der sonst nichts mehr thun kann, als Tulpen zu pflanzen und sein Gärtchen zu begießen. O tam cara dignitate — — .

Der Zauberstab liegt im Wandschrank sammt dem 6 u. 7ten Buch Mosis und der Weisheit des Hermes Trismegistos. Philemon ist alt und etwas abwechslungs geworden. Gegen ein guter Zeichenkreis bar

oder für die Küche. Sollt' er noch ein
paar Zaubersprüche zu Gunsten des be-
hexten Viehs. Aber es ist unsicher, ob
es noch die richtigen Sprüche sind oder ob
er ihren Sinn verstellt. Es ist auch evident,
daß es gar nicht darauf ankommt, was
er murmelt, vielleicht wird das Vieh
nachher von selber wieder gesund.

Da geht der alte Philemon im
Garten, gebückt, die Giesskanne in
zitternden Händen haltend. Baucis
steht am Küchenfenster und sieht ihm
gleichmüthig-stumpf zu – Sie hat dieses
Bild schon hunderte Male & gesehen,
jedesmal etwas gebrechlicher und schwäch-
licher, jedesmal hat sie er auch etwas weniger
gut gesehen, denn ihre Augenkraft hat
bedenklich abgenommen.

Ich stehe an der Gartenthür. Sie
haben den Fremdling nicht bemerkt.
Hier ist Alles klein und eng – ein Vorraum

des Friedhofes.

„Philemon, alter Hexenmeister, wie geht es Dir?" rufe ich ihn an. Er hört mich nicht, denn er ist stocktaub. Ich gehe ihm seitwärts und fasse ihn am Arm. Er wendet sich um und begrüßt mich ungeschickt und zitternd. Er hat einen weißen Bart und dünne weiße Haare, sein Gesicht ist faltig — und an seinem Gesicht scheint etwas zu sein. Seine Augen sind grau und alt — und etwas in ihnen ist merkwürdig, man möchte sagen — lebendig.

„Mir geht es gut, Fremder" sagte er. „Doch was willst du bei mir?"

„Man sagte mir, du verstündest dich auf die schwarze Kunst. Ich interessiere mich dafür. Willst du mir davon erzählen?
Ph. „Was soll ich dir erzählen? Da giebt es nichts zu erzählen."

J. Sei nicht unwirsch, Alter, ich möchte
was lernen.

Ph. Du bist gewiss gelehrter als ich. Was
könnte ich Dich lehren?

J. Sei nicht geizig. Ich werde dir gewiss
keine Concurrenz machen. Es nimmt
mich nur wunder, was du treibst und wie
du zauberst.

Ph. Was willst du? Ich habe früher nur hie
und da den Leuten geholfen gegen Krank-
heit und Schaden verschiedener Art.

J. Wie machtest du das?

Ph. Mm ganz einfach mit Sympathie.

J. Dieses Wort, mein Alter, klingt ko-
misch doppelsinnig.

Ph. Wieso?

J. Es könnte heissen, Du habest den
Leuten durch persönliche Anteilnahme
geholfen oder mit abergläubischen
sympathetischen Mitteln.

Ph. Nun es wird wohl Beides gewesen sein.
J. War das dein ganzer Zauber?
Ph. erregt: Ich weiß noch mehr.
J. Was ist es, rede!
Ph. Das geht dich nichts an. Du bist frech und naseweis.
J. Bitte, nimm mir meine Neugier nicht übel. Ich habe neulich etwas von Magie gehört, das hat mein Interesse für diese vergessene Kunst wachgerufen. Ich bin darum gleich zu Dir gegangen, weil ich von Dir hörte, daß verstündest die schwarze Kunst. Wenn heutzutage an den Universitäten noch die Magie gelehrt würde, so hätte ich sie dort studiert. Aber es ist schon lange her, nachdem das letzte Colleg über die magischen Kräfte geschlossen worden ist. Heutzutage weiß kein Professor mehr etwas von Magie. Also, sei nicht empfindlich und nicht geizig, sondern laß mich etwas von deiner Kunst vernehmen.

Du irrst doch deine Schwimmin nicht
mit ins Grab nehmen wollen?

Ph. Ach, du lachst ja doch nur darüber. Wenn
sollich dir denn etwas sagen. Besser es
wird mit mir Alles begraben. Ein Späterer
mag es dann wieder entdecken. Es geht
ja der Menschheit nichts verloren.

J. Wie meinst du das? Glaubst du, dass
Magie dem Menschen angeboren sei?

Ph. Ich möchte sagen: Ja, natürlich. Dah.
es wieder erkommt.

J. Nein, dies wohl nicht, denn ich habe mich
schon oft genug darüber gewundert, dass alle
Völker zu allen Zeiten und an allen Orten
dieselben Zaubergebräuche haben. Ich habe
aber schon Ähnliches gesehrt wie du.

Ph. Was glaubst du denn von der Magie?

J. Offen gesagt: nichts, respective wenig.
Es kommt mir vor, als sei die Magie einfach
eines der suggestiven Hilfsmittel des da-

natur gegenüber unterlegener Menschen.
Sonst kann ich keine fassbare Bedeutung
in der Magie entdecken.

Ph. Soviel wissen deine Professoren wahrscheinlich auch.

J. Ja, aber was weisst du davon?

Ph. Ich mag es nicht sagen.

J. Thue nicht so geheimnisvoll, Alter,
so muss ich ja annehmen, du weisst nicht
mehr davon wie ich.

Ph. Nimm es an, wenn es dir gefällt.

J. Nach dieser Antwort zu schliessen, muss
ich allerdings glauben, dass du wirklich etwas
mehr davon verstehst als die andern. Das
klang sehr positiv.

Ph. Komischer Mensch, wie hartnäckig
du bist. Es gefällt mir aber an dir, dass
du dich durch dein Unwissen keineswegs
abschrecken lässest.

J. Das ist thatsächlich der Fall. Immer

wenn ich etwas lernen und verstehen will,
lasse ich meine sogenannte Vernunft zu
Hause und gebe der Sache, die ich erwerben
will, den nöthigen Blancocredit. Ich
habe dies durchaus seit Langem als noth-
wendig erkannt, denn ich sah in Verlustsin
ulaßt zuviele abschreckende Beispiele des
Gegentheils.

Ph. Dann könntest du mich noch weiter bringen.
J. Ich hoffe es. Doch das muss nicht
abseitswärts von der Magie.

Ph. Warum bleibst du denn so hartnäckig
bei deinem Vorsatz, von der Magie zu wissen,
wenn du behauptest, du hättest deine Vernunft zu Hause gelassen? Oder gehört
bei dir die Consequenz nicht zur Vernunft?

J. Das schon — ich sehe, oder ich vielmehr es scheint, als ob du ein ganz
geriebener Sophist seiest, der mich
geschickt ums Haus herum und wieder
vor die Thüre führt.

Ph. Das scheint dir so, weil du alles vom
 Standpunkt des Intellectes aus beurtheilst.
 Wenn du deine Vernunft für eine Weile aufgeben wolltst, so gieb auch deine Consequenz
 auf.

J. Damit eine schwierige Gesellenprobe. Aber
 wenn ich doch einmal Adept sein will, so
 soll auch das sein, damit die Forderung erfüllt sei. Ich höre dir zu.

Ph. Was willst du hören?

J. Du verlockst mich nicht. Ich warte blos
 auf das, was du sagen wirst.

Ph. Und wenn ich nichts sage?

J. Dann — nun dann ziehe ich mich
 etwas betreten zurück und denke, Philemon
 sei zum allermindesten ein schlauer Fuchs,
 von dem man was zu lernen hätte.

Ph. Damit hast du, mein Junge, etwas
 von Magie gelernt.

J. Das muss ich zuerst verdauen. Es ist — offen

gestanden — etwas überraschend. Vielleicht
nur du Magie etwas anders vorgestellt.

Ph. Daraus kannst du sehen, wie wenig
du von Magie verstehst und wie unrichtig
deine Vorstellungen davon sind.

J. Wenn dem so ist sein sollte oder so
ist, dann muss ich allerdings gestehen,
dass ich das Problem gänzlich unrichtig
angefasst habe. Erscheint dem nach nicht
auf dem Wege der ### gewöhnlichen Ver-
stehens zugehen.

Ph. Das ist auch thatsächlich nicht der
Weg zur Magie.

J. Du hast mich aber keineswegs ab-
geschreckt, im Gegentheil — Ich brenne
vor Begierde, noch mehr zu erfahren.
Was ich bis jetzt weiss, ist ein wesentlich
negativ.

Ph. Damit hast du einen zweiten wichtigen
Hauptpunkt erkannt. Vor allen
Dingen musst du wissen, dass die Magie

das Negativ von dem ist, was du wissen kannst.

J. Auch das, mein lieber Philemon, ist ein schwerverdauliches Stück, das mir nicht unerhebliche Beschwerden macht. Das Negativ von dem, was man wissen kann? Damit meinst du wohl, dass man es nicht wissen könne, sondern — — ? Da hört mein Begreifen auf.

Ph. Das ist der dritte Punkt, den du Dir als wesentlich merken musst, nämlich, dass du auch gar nichts zu begreifen hast.

J. Nun, ich gestehe, das ist neu und sonderbar. Also ist an der Magie überhaupt nichts zu verstehen?

Ph. Ganz richtig. Magie ist ausgerechnet alles das, was man nicht versteht.

J. Aber wie, zum Teufel — verzeih diesen Ausdruck, soll man denn Magie lehren und lernen?

Ph. Magie ist weder zu lehren noch zu lernen.

Es ist allein, dass du Magie lernen wolltest.

J. Dann ist die Sache überhaupt ein Schwindel.

Ph. Vergiss nicht, du hast deine Vernunft wieder vorgeholt.

J. Es ist schwierig, vernunftlos zu sein.

Ph. Genau so schwierig ist die Magie.

J. Nun dann ist es ein schweres Stück.
   Mir scheint demnach, dass unerlässliche Vorbedingung zum Adeptsein ist, seine Vernunft gänzlich zu verlernen.

Ph. Ich bedauere, aber es ist so.

J. Oh Götter, das ist schlimm.

Ph. Das ist nicht so schlimm, wie du denkst. Mit dem Alter nimmt die Vernunft von selber ab, denn sie ist ein nützliches Gegenstück der Triebe, die in der Jugend euch viel heftiger sind als im Alter. Hast du auch schon junge Zauberer gesehen?

J. Nein. Der Zauberer ist sogar sprich‐
   wörtlich alt.

Ph. Siehst du, ich habe Recht.

J. Dann nach den Ansichten der Adepten eben schlecht, er muss ein aufs Greisenalter warten, bis er die Geheimnisse der Magie erfahren kann.

Ph. Wenn er seine Vernunft schon vorher aufgiebt, so kann er auch schon früher etwas Nützliches erfahren.

J. Das scheint mir ein gefährliches Experiment zu sein. Die Vernunft kann man nicht so ohne Weiteres aufgeben.

Ph. Man kann auch nicht ohne Weiteres ein Magier werden.

J. Du hast verdammte Schlüsse.

Ph. Was willst du? Das ist Magie.

J. Alter Teufel, du machst mich wirklich aufs vernunftlose Greisenalter.

Ph. Sieh mal, ein Junger, der ein Greis sein möchte! Und warum? Er möchte die Magie lernen und weiss es nicht, um seiner Jugend willen!

J. Du breitest ein lieblases Netz aus, alter Fallensteller.

Ph. Vielleicht wartest du noch einige Jährchen, bis deine Haare etwas grauer geworden sind; dann läßt dein Vernunft vielleicht etwas nach.

J. Schweig dich nicht hören, alter Spötter. Ich bin dir schon ins Garn gegangen — Ich kann nicht klug aus dir werden. —

Ph. Aber vielleicht dumm. Das wäre allbereits ein nicht zu unterschätzender Fortschritt auf dem Wege zur Magie.

J. Übrigens, was in aller Welt richtest du aus mit deiner Magie?

Ph. Ich lebe, wie du siehst.

J. Andere leben. Thun das auch.

Ph. Hast du gesehen, wie?

J. Nun ja, er war kein unfreundlicher

Anblick. An dir ist übrigens das Alter
auch nicht spurlos vorübergegangen.

Ph. Das weiss ich.

J. Also, wo sind denn Vortheile?

Ph. Es sind die, die du nicht siehst.

J. Was sind Vortheile, die man nicht sieht?

Ph. Es sind die, die man hat.

J. Wie nennst du diese Vortheile?

Ph. Ich nenne sie Magie.

J. Du bewegst dich in einem unheilvollen
Zauberkreis. Der Teufel soll dir bei kommen.

Ph. Siehst du, das ist auch ein Vortheil der Magie,
nicht einmal der Teufel kommt an mich
mir bei. Du machst entschiedene Fortschritte in der Erkenntniss der Magie, so dass ich
glauben muss, dass du gute Anlagen dafür
hast.

J. Ich denke dir, Philemon, es ist genug
mir schwindelt. Leb wohl!

Ich trete hinaus aus dem kleinen

Garten und gehe die Straße hinunter. Es stehen Leute in Gruppen herum und schauen verstohlen nach mir. Ich höre sie hinter meinem Rücken flüstern: "Seht, da geht er, der Schüler des alten Philemon — er hat lange mit dem Alten gesprochen — der hat etwas gelernt — er weiß die Geheimnisse — wenn ich nur könnte, was der jetzt kann" —

"Schweigt, verfluchte Narren", will ich rufen, aber ich kann nicht, denn ich weiß nicht, ob ich nicht doch etwas gelernt habe.

Und weil ich schweige, glauben sie ~~alle~~ seitdem alle erst recht, daß ich von Philemon die schwarze Kunst empfangen habe.

29.I.14.

Meine Seele, was kann ich sagen? Was sagst Du?

„Ich lerne Gras wachsen – über Alles, was du thust."

Das klingt tröstlich und scheint nicht viel zu sagen.

„Willst du, dass ich viel sage? Ich kann auch banal sein, wie du weißt und lasse mir daran genügen."

Das geht mir überein. Ich glaubte, du stündest in nahem Zusammenhang mit Allem Jenseitigen, Größten und Ungewöhnlichsten. Deshalb, dachte ich, sei Banalität Dir fremd.

„Banalität ist für mich ein Lebenselement, ein wahrer Ruhepunkt."

Wenn ich das gewusst hätte, würde es mich weniger erstaunen.

„Je ungewöhnlicher Du bist, desto gewöhnlicher darf ich sein. Das ist eine wahre

Erholung für mich. Ich denke, Du fühlst
es, daß ich mich heute Abend nicht zu spät
habe."

Ich fühle etwas derartiges — und ich bin
besorgt, es gehe Dir am Ende zu gut und Dein
Baum trage mir am Ende keine Früchte
mehr.

"Schon besorgt? Sei nicht dumm
und gönne mir die Ruhe."

Ich will es gerne thun, aber ich
bin leise ängstlich, daß mir die Quelle
versiegen könnte.

"Quellen stehen noch bis weilen zu
versiegen."

Ich merke, Du gefällst Dir im
Banalen. Schrecke Dich aber nicht mehr
tragisch, meine liebe Freundin; denn ich
kenne Dich jetzt ebensoviel besser wie früher.

"Du wirst familiär. Ich fürchte, den
Respect sie mir schwinden."

Bist du ängstlich? Ich glaube, das wäre überflüssig. Ich bin hinlänglich über die freundliche Nachbarschaft des Pathos und der Banalität unterrichtet. Das schreckt mich nicht mehr.

„Also hast du die sonderbare Schlangenlinie des seelischen Werdens bemerkt? Du hast wohl gesehen, wie es bald Nacht, bald Tag wird, wie Wasser und trockenes Land wechseln?" Und dass alle Krampfhaftigkeit unser ein Schaden ist?"

Ich glaube, dass ich das sah. Auf einem warmen Stein, will ich für einige Zeit an der Sonne liegen. Vielleicht brütet die Sonne mich aus.

„Du hast ein Stück Weisheit gelernt."

31.I.14.

Ich weiß nicht, was zu sagen ist.
Es kocht in allen Töpfen.

„Es wird ein Mahl bereitet."

Wohl ein Totenmahl, ein Abendmahl,
eine „Communion"?

„Eine Vereinigung mit aller Menschheit."

Eine schauerlich-süsser Gedanke, bei
diesem Mahl selber Gast und Speise zu sein!

„Das war auch des Christes höchste Lust."

Wie heilig-sündhaft, heiss + kalt
Alles ineinanderströmt! Wahnsinn und Ver-
nunft wollen sich vermählen, Lamm und
Wolf wirken friedlich zusammen.

Jedes Wort starrt in Eis und tropft
Feuer. Deshalb fliessen meine Worte nicht.
Es ist Alles ja und nein.

Niederstes und Höchstes werden eins.

Die Gegensätze umarmen sich, schauen Auge in Auge und verwechseln sich miteinander. Sie erkennen in qualvoller Lust ihr Einssein.

Mein Herz ist von tobendem Kampf erfüllt, aber nicht vom Kampfe des Auseinanderreißens, sondern vom Kampfe des Zusammentreibens. Die Wellen eines hellen und eines Dunkeln Stromes eilen sich überstürzend einander entgegen.

Eine antagonistische Einheit scheint sich in mir zu bilden.

Das fühlte ich nie zuvor.

„Das ist neu, mein Lieber, wenigstens Dir. Mir war es nichts Fremdes. Nur Ch hat Schuhen mich geärgert."

Du spottest wohl — aber Thränen und Lachen sind eins. Bücke zieh mir vergang Ich bin in starrer Spannung.

Bis zum Himmel nicht des Liebens

und ebenso hoch nicht das Widerstrebende.
Sie halten sich beide umschlungen und wollen
einander nicht lassen, denn das Übermass
ihrer Spannung scheint letzter und höchster
Gefühlsmöglichkeit zu bedeuten.

„Du drückst dich pathetisch und philosophisch aus. Du weißt, dass man
dies Alles auch viel einfacher ausdrücken
könnte, z. B. könnte man leicht sagen,
Du seiest verliebt — und zwar von der Schneck
aufwärts bis zu Tristan und Isolde."

Meine Seele — ja, Du bist ein Teufel,
aber Gott hat dich angenommen.

„Die Religion scheint Dich noch zu plagen?
Wie vieler Schilde bedarfst Du noch? Sag
es doch lieber gerade heraus."

Deine Banalitäten schrecken mich
nicht. Meine Feigheit lastet schwerer auf
mir.

„Nun, wie ist mit der Moral? Ist Mo-

-ral und Immoral heut euch eins geworden?"

Du spottest, arger Sophist. Ich kann nicht Anderes, als dir sagen, daß jene Zwei, die sich umschlungen haltend, bis zum Himmel ragen, auch das Gute und das Böse sind. Ich überzeuge nicht, sondern ich ströme, mit Freude und Schmerz in schnellen Rhythmen wechselnd, in neuen Harmonieen und Disharmonieen zusammenklingend durch mein Herz strömen.

„Wo ist denn dein Verstand?"

Mein Verstand? Er ist Unverstand, Unsinn und Weisheit. Ich habe keinen eigentlichen Verstand mehr. Vielleicht kommt er später wieder, aber heute ist er uns bloßes Phil-phaenomen und gänzlich unzulänglich.

„Du verleugnest Alles, was du glaubtest, auch deinen Faust. Er gieng sachte an den Spukgütern ruhigen Ganges vorüber."

Ich kann das nicht mehr — Mein Gut ist auch ein Spukgut. Ich darf und kann nicht ruhig daran vorüber gehen.

"Ich sehe, du befolgst meine Lehren."

Leider ist es sonder gewiß mir zu schmerzvoller Freude.

"Du entgehst ihr nicht."

Dieses Unglück sollmich freuen.

"Du gebärdest dich, als ob du unfaßbar wärest."

Das kommt daher, dass ich die Kunst gelernt habe vom linken Fuss auf den rechten zu treten und umgekehrt, was andere Leute von jeher unbewusst thaten gemacht haben.

„Also das hast du endlich gemerkt?"

Der Lebensschlangenlinie kommt mir auf die Dauer nicht entgehen.

Die nächste Biegung des Weges führt mich wohl hinaus zu den Menschen?

„Das wirst du sehen. Ich hülle mich in beredtes Schweigen."

1. II. 14.

Oh Nacht zielloser Spannungen und Zweifel — ohne Einssein im Gegeneinander gerichtet sein!

Nie noch Leben warst du zweifelhafter als heute.

Wenn Gott nicht weiterschritt, machte wenigstens der Teufel einen Fortschritt und umgekehrt. Wie wird es aber jetzt sein, da Gott und Teufel eins geworden sein? Sind

zu übereingekommen, den Fortschritt des
Lebens still zu stellen? Wär' es möglich,
daß der Einssein der Gegensätze auch den
Lebensprocess aufhöbe? Gehört der
Kampf der Gegensätze zu den unerläss-
lichen Lebensbedingungen und steht der
still, der das Einssein der Gegensätze erkennt und lebt oder zu leben versucht? Er hat sich ja ganz auf die
Seite des wirklichen Lebens geschlagen
und thut nicht mehr dergleichen, zu einer
Partei zu gehören und die andere zu be-
kämpfen, sondern er ist sie beide und
hat ihrem Hader ein Ende gemacht.
Hat er damit, als er ihr last dem
Leben nehmen wollte, ihm auch den
Schwung genommen? Diese Fragen
lege ich dir, meine Seele, heute vor.

 „Du setzest mir das Messer auf die
Brust. Die Gegensätzlichkeit war aller-

nings ein Lebenselement für mich. Das wirst du ja längst gemerkt haben. Mit deinen Neuerungen fällt die Energiequelle mir weg. Ich kann dich weder mit Pathos locken noch mit Banalitäten ärgern. Ich bin etwas rathlos."

„Wenn du rathlos bist, soll ich Rath wissen? Tauche nur lieber nach den tiefern Gründen, zu denen du Eintritt hast, und befrage den Hades oder die Himmlischen. Vielleicht weiss man im Jenseits einen Rath."

„Du bist herrisch geworden."

„Die Noth ist noch herrischer als ich. Ich muss leben und mich bewegen können."

„Du hast ja die weite Erde. Was willst du das Jenseits befragen?"

„Mich treibt nicht eitle Neugier, sondern die Nothwendigkeit. Ich weiche nicht."

„Ich gehorche, aber widerstrebend. Dieser Styl ist neu und mir ungewohnt."

Ich bedauere. Aber die Noth drängt. Sage der Tiefe, dass es schlimm um uns stehe, weil wir dem Leben ein wichtiges Organ abgeschnitten hätten. Wie du weisst, bin ich nicht der Leichtsinnige, sondern du hast mich überlegter Weise diesen Weg geführt.

„Du spielst mich nun Adam und Eva. Du hättest den Apfel nicht anzunehmen brauchen."

Lass diese Scherze. Du kennst jene Geschichte besser wie ich. Wir rösten. Es muss Luft geben.

Mach dich auf und hole das Feuer. Es ist schon zu lange dunkel um mich. Bist du träge oder feiger?

Ich gehe ans Werk. Meiner uns getränket ab, was ich herauf bringe.

Ein Stuhl — Gottes Thron — Gott Vater, Sohn und heiliger Geist — die

heilige Dreifaltigkeit — die Mutter mit
dem Kinde — Himmel und Hölle, auch
Satanas damit. Er kommt zuletzt, wider-
strebend und klammert sich an ein
Jenseits. Er will es nicht fahren lassen.
Die Oberwelt ist ihm zu kühl.

   Hälfst du ihn fest?

Satanas mit Hörnern und Schweif
kriecht aus einem dunkeln Loch heraus,
ich ziehe ihn bei den Händen.

  Willkommen lieber Finsterling!
Meine Seele hatte sich wohl umsonst besorgt.

S. „Was soll das? Es ist in letzter
Zeit ein unglaublicher Rumoren im Jen-
seits. Es trübt sich Jemand, der sich dem
Leben entreißt, mit rücksichtslosem
Spectakel bei uns herum. Ich protestiere
gegen dieses undelikate und gewaltsame

Hereinreisen."

J. Beruhige dich. Ich habe dich nicht
erwartet. Die hl. Dreifaltigkeit und ihr
Gefolge ist zuerst gekommen. Doch du
scheinst bemerkenswerte Stücke zu sein, denn
du kamst zuletzt –

S. Was willst du von mir? Ich brauch
dich nicht, frecher Geselle.

J. Gut, dass wir dich haben. Ich ver-
sprach meiner Seele, ihr getreulich alles
abzunehmen, was sie mir heraufrücken
werde. Du bist der lebendigste und
interessanteste in derganzen Dogmatik.

S. Was kümmert mich dein Gewäsch?
Mach's kurz — ich friere hier.

J. Höre — es ist uns etwas passiert. Wir
haben nämlich die Gegensätze vereint.
Unter Anderem haben wir auch Dich

mit Gott zu Eins gemacht.

S. Herrgott, war das der hellere Skandal? Was macht denn ihr denn für hirnverbrannten Blödsinn?

J. Bitte, das war nicht so dumm, wie du meinst. Diese Vereinigung ist ein ungemein oekonomischer Princip. Wir haben dem unaufhörlichen, verkehrshemmenden Parteigezänk ein Ende gemacht, namentlich die Hände frei zu bekommen zu einer einheitlichen Fortschrittsarbeit oder vielmehr zum wirklichen Leben mit all seiner Mannigfaltigkeit.

S. Das riecht nach Monismus. Ich habe einige von diesen Herren bereits vorgemerkt. Für sie sind besondere Kammern geheizt.

J. Du täuschest Dich. Es geht bei uns garnicht so intellectuell und allgemeinethisch zu wie beim Monismus.

Wir haben nämlich auch gar keine
richtige Wahrheit. Auch darüber sind
wir bereits hinaus. Also es handelt
sich keineswegs um Monismus, sondern
um eine höchst merkwürdige und be-
fremdende Thatsache; nämlich nach
der Vereinigung der Gegensätze geschah
es, — was uns unerwartet und un-
begreiflich ist — dass weiter nichts
mehr geschah. Es blieb Alles friedlich,
aber euch gänzlich bewegungslos bei
einander stehen und das Leben ver-
wandelte sich in ein blosses Vegetieren
ohne Gährung und Fortschritt.

S. Haha, ihr Narren! Da habt
ihr was schönes angerichtet.

1. Nun — dein Spott ist überflüssig.
Es geschah einmal experimenti causa
aber auch mit wirklich ernsthafter Ab-
sicht.

S. Eure Ernsthaftigkeit kriegt ich zu spüren. Die Ordnung des Jenseits ist ja in Reih' und Glied weiter erschüttert.

J. Du siehst also — es gilt Ernst. Mein Seel hat Dichter offenbar herauf- geholt, damit ich nur Red' und Antwort stehst. Ich will Antwort haben auf meine Frage, was nunmehr in dieser Situation zu thun sei? Wir können nämlich nicht mehr weiter.

S. Da ist guter Rath theuer, selbst wenn man ihn geben möchte. Ihr seid verblendete Narren, ein dummdreistes Volk. Warum habt ihr die Hände nicht davongelassen? Wie wollt ihr euch auf Weltordnung verstehen.

J. Wenn du schimpfst, so scheint es dich also ganz besonders zu kränken. Sieh mal, die hl. Trinität ist selig und absolut. Die Neuerungen scheinen ihr nicht zur Last fallen.

J. Auf die kannst du gar nicht geben. Die ist so irrational, dass man sich auf ihre Reactionen gar nicht verlassen kann. Ich rathe dir dringend ab, jene Symbole irgendwie ernsthaft zu nehmen.

J. Ich danke dir für den wohlgemeinten Rathschlag. Du scheinst aber interessiert zu sein. Man kann doch von einer sprichwörtlichen Intelligenz ein unabhängigeres Urtheil erwarten.

F. Nahbei nicht ausgenommen. Aber du kannst ja selber urtheilen. Wenn du jene Absolutheit in ihrer ganzen leblosen Feierlichkeit betrachtest, so kannst du unschwer entdecken, dass der durch deinen Vorurtheile herbeigeführte Lebensstillstand verzweifelte Aehnlichkeit mit dem Absoluten hat, von dem ich dir sehr dagegen rathe, so stelle ich mich ganz auf deine Seite, denn ich könnte einen Lebensstillstand auch nicht ertragen.

J. Wie? Du stehst auf meiner Seite? Das ist sonderbar.

S. Da ist nichts Sonderbares dabei. Das Absolute war immer dem Lebendigen absolut. Ich bin doch der eigentliche Lebensmeister.

J. Das ist verdächtig. Du reagierst viel zu persönlich.

S. Ich reagiere gar nicht persönlich. Ich bin dagegen, ein ratloses, verschleiertes Leben. Ich bin nie zufrieden, nie gelassen. Ich muss alles wieder zweifelhaft machen, ich bin doch Ehrgeiz, Ruhmgier, Thatenlust, ich bin der Sprudel neuer Ideen. Das Absolute ist — wie schon der Name sagt — langweilig und vegetativ.

F. Ich will dir glauben. Also — was räthst du?

S. Das Beste, was ich dir rathen kann ist: mache deine ganze wissenschaftliche Neuerung so schnell und so gründlich wie möglich wieder rückgängig.

J. Aber das geht nicht? Und was wäre damit gewonnen? Wir würden wieder von vorne anfangen müssen und kämen unfehlbar auch ein zweites Mal wieder zum selben Schlusse. Was man einmal begriffen hat und was man weiss, das kann man nicht wieder absichtlich nicht wissen und ungeschehen machen. Dem Rath ist kein Rath.

S. Aber ihr könnt da nicht ohne Entzweiung und Hader existieren? Vermisst euch doch über etwas aufregen, eine Partei vertreten, Gegensätze überwinden, wenn ihr leben wollt?

J. Das hilft nichts. Wir stehen uns ja
auch im Gegensatz. Wir sind eines Spiels
überdrüssig geworden. –

S. – und damit des Lebens.

J. Mir scheint, es komme darauf an,
was du Leben nennst. Dein Lebens-
begriff hat etwas, wie's scheint, von Hinauf-
klettern und Herunterrutschen, von Behaupten und Zweifeln, von ungeduldigem
Herumzerren, von hastigem Aufbauen.
Ihr fehlt das Vegetative und dessen
langmüthige Geduld.

S. Ganz richtig – mein Leben brodelt
und schäumt und schlägt unruhige
Wellen, es ist Ausbrechen und Wegwer-
fen, es ist heisses Wünschen und Rastlosig-
keit. Was ist doch Leben?

J. Aber das Absolute lebt doch auch?

S. Das ist kein Leben. Es ist Stillstand,

oder so guten Stillstand. Genau gesagt, es lebt unglaublich langsam
und verbraucht Jahrmillionen — genau
so wie der erbarmungswürdige Zustand,
den ihr mit eurer Neuerungen getroffen
habt.

1. Du steckst mir, ohne es zu wollen,
ein Licht auf. Du bist persönliches
Menschenleben — der anscheinende Stillstand aber ist es das langmüthige Leben
der Ewigkeit, das Leben der Göttlich-
keit.

Diesmal hast du mir gut gerathen.
Begebe dich fui — fahr wohl!

Satanas kriecht behende in
sein Maulwurf in sein Loch hinunter.
Die Symbole der Dreieinigkeit und ihr
Gefolge erheben sich in Ruhe und
unerschütterlicher Gelassenheit wieder
zum Himmel empor.

Ich danke Dir, meine Seele, Du hast mir den Richter heraufgeholt. Seine Sprache ist allgemein verständlich, denn er ist persönlich.

Wir können wieder leben, meine Seele, ein langes Leben; wir können Jahrtausende verschwenden.

2. II. 14.

Das war ein frischer Wind!

Soll es immer die Noth sein, die uns treibt, kann es nicht vielmehr auch die Freude sein?

Meine Seele, was denkst Du? Willst Du hinübergehen und den Jenseitigen sagen, daß es uns heute gut gehe und nicht hilfsbedürftig seien?

„Ist es nicht Anmassung," wenn ich ohne dringende Gründe drüben anklopfe?

Vielleicht ist es Dummerung, jedoch sind wir nicht sicher. Es kommt auf den Versuch an.

"Ich habe wenig Lust".

Ich will nichts erzwingen, aber vielleicht — verweis — erfahren wir doch etwas Hinreichendes.

"Willst Du nicht lieber ruhen?"

Ich bin darüber unsicher, neige aber der Ansicht zu, es zu Dach wenigstens zu versuchen. Also gehe!

"Ich will gehen und werde den Satanas noch einmal heraufrufen —"

Wozu ihn? Ich habe gestern Nacht Alles Nöthige von ihm erfahren. Im Übrigen lass ich Dir die Wahl.

———

"Ich griff — glaube ich — vor Dir"

Hölle – Hier ist ein Gehenkter.

Ein hässlicher, unansehnlicher Mensch mit verzerrtem Gesicht steht vor mir. Er hat abstehende Ohren, einen Buckel und ist von kleiner Gestalt.

(Sollte Christus so ausgesehen haben?)

Wer bist du?

J. Ich bin ein Raubmörder, der durch den Strang hingerichtet wurde.

J. Was hast du denn gethan?

J. Ich habe meine Eltern und meine Frau vergiftet.

J. Warum thatest du das?

J. Zur Ehre Gottes.

J. Wie sagst du? Zur Ehre Gottes? Was meinst du damit?

J. Erstens geschieht doch Alles, was geschieht zur Ehre Gottes und Saritas hatte ich meine besondern Ideen.

I. Was dachtest du dem?

G. Was ich dachte? Ich liebte sie und wollte sie aus unserem elenden Leben heraus rascher in die ewige Seligkeit hinüberbringen. Ich gab ihnen einen starken, zu starken Schlummertrunk.

I. Hast du dabei nicht deinen eigenen Vortheil gefunden?

G. Nicht im Geringsten. Ich blieb allein zurück und war tief unglücklich. Ich blieb am Leben um meiner zwei Kinder willen, die für die ich eine bessere Zukunft voraussah. Ich war körperlich gesunder als meine Frau, deshalb wollte ich am Leben bleiben.

I. War denn deine Frau mit dem Mord einverstanden?

G. Nein, sie wäre es gewiss nicht gewesen. Aber sie wusste nichts von meinen Absichten. Später wurde der Mord entdeckt und man macht mir den Process.

J. Hast du jetzt im Jenseits Deine Ange-
hörigen wiedergefunden?

G. Das ist eine merkwürdig unsichere Geschichte. Ich vermuthe, ich sie wohl in der
Hölle, bisweilen ist es mir als sei meine
Frau auch da, bisweilen bin ich dessen
aber gar nicht sicher. So wenig, wie ich
meiner selbst sicher bin.

J. Wie ist es? Erzähle!

G. Bisweilen spricht sie mit mir und
ich gebe ihr Antwort. Aber wir haben
bis jetzt noch gar nie vom Morde und auch
nie von unsern Kindern gesprochen. Wir
sprechen nur hie und da zusammen, immer von ganz gleichgültigen Dingen, von
kleinen Sachen aus de unserm frühern
täglichen Leben, eher ganz impersönlich
wie wenn wir uns gar nichts angiengen.

Ichbegreife erjetzt selbernicht, wie es eigentlich ist. Von meinen Eltern noch schwach weniger. Mein Vater war, glaube ich, jüngst da und sagte etwas von seiner Schokspfeife, die er irgendwo verloren habe.

J. Sagemir, womit verbringst du deine Zeit.

G. Ichglaube, es giebt bei uns garkeine Zeit; man kann sie darum auch nicht verbringen. Es geschieht gar nichts.

J. Ist das nicht fürchterlich langweilig?

G. Langweilig? Daran habe ich noch garnicht gedacht. Langweilig? vielleicht, jedenfalls giebt es Nichts interessantes. Eigentlich ist Alles gleichgültig.

J. Plagt euch der Teufel nie?

G. Der Teufel? Ichhabenichts von

ihm gehen.

J. Ja, aber du kommst doch aus dem Jenseits und solltest nichts zu erzählen wissen? Das ist kaum glaublich.

G. Als ich noch lebte, habe ich auch oft gedacht, es wäre gewiss interessant einmal mit Einem zu sprechen, der nach dem Tod wiederkehrt. Jetzt kann ich nichts daran finden. Wie gesagt — hier ist alles unpersönlich und rein sachlich — so würdest du dich wohl ausdrücken, denke ich.

J. Das ist ja trostlos. Ich will annehmen, du seiest in der Hölle.

G. meinetwegen — ~~Lebwohl~~. Ich sehe, ich bin entlassen. — Lebwohl.

1. Meine Seele, was soll dieser langweilige Gast aus dem Jenseits bedeuten? u. Ich traf ihn drüben, untät herumtappend, wie so viele Andere. Schyiff

im Herzen als den Nächsten Beten.
Ein recht typisches Beispiel will uns
scheinen."
?. Aber ist der Jenseits so farblos?
„Es scheint so. Es giebt dort nur
Bewegung, wenn ich hinüber komme.
Sonst wogt Alterblart langweilig
und schattenhaft auf und ab. — Das
Persönliche fehlt gänzlich."
?. Was ist es denn mit dem „Per-
sönlichen"? Satanas machte mir
gestern einen höchst „persönlichen" Ein-
druck.
„Das glaube ich gerne. Er ist ja der
ewige Widersacher, denn persönliches
Leben bringt sich nie in Einklang mit
dem absoluten Leben."
?. Kann man diese Gegensätze nicht

auchvereinigen?

„Es sind keine Gegensätze, sondern
bloss Verschiedenheiten. Du wirst den
Tag auch nicht den Gegensatz des Jahres
nennen."

? Das ist einleuchtend — aber es ist langweilig —

„wie immer, wenn man davon spricht.
Es trocknet immer mehr aus, besonders
seitdem wir die Gegensätze ausgeglichen
haben. Ich glaube, die Toten sind
bald am Aussterben."

───────────

6.II.14.

Heute fühlte ich die Fülle der Schönheit und Klarheit.
Wir sind, meine Seele, auf dem
rechten Wege. Du hast ein feine Witterung.

Jene schrecklichen Sandbänke der Banalität, die mir früher Grauen einflössten, sind jetzt hilfreich geworden.

Auch der Gegensatz ist zur fördernden Stufe des Lebens geworden.

Darin liegt der Friede, die grosse Ruhe und Schönheit.

Es sind abwechselnd weisse und schwarze Stufen, welche die Treppe des Lebens bilden.

"Drücke Dich nicht zu allgemein aus. Hüte Dich vor jeglichem System. Systeme sind langfädige Irrthümer. Lebendig und wirklich ist nur eigenste Wahrheit."

Mir scheint, Du drückst Dich auch allgemein aus.

„Etwas wohl – aber doch ein gutes Zeichen für unser Einvernehmen?"

Wir wollen das Beste hoffen. Aber nichts ist leichter, als mit Dir uneins werden. Du bist empfindlich.

„Wenn ich aufmerksam horchen und an Deinem Lebenswarmen Hintertreiben lerne, so härte ich mich allmählig ab. Eine gewisse gerunde Härte wünschte ich mir schon lange."

⎯⎯

9. II. 14.

Mir scheint, ich blicke zurück, wie auf gethane Arbeit. Soll ich schon zurückblicken?

„Wie neugierig, du Geist! Noch ist nichts vollendet."

Wie meinst du? Nichts vollendet?

„Es fängt erst an."

Verzeih mir, meine liebe Seele, aber mir scheint, du lügst.

„Ungläubiger, mit wem haderst du? Weißt du es besser?"

Ich weiß nichts, Aber ich habe mich bereits mit dem Gedanken vertraut gemacht, wir hätten ein Ende, wenigstens ein vorläufiges Ende erreicht oder so etwas wie einen Abschluss. Wenn sogar die Toten am Aussterben sind, was kann da noch nachkommen?

„Dann müssen doch erst die Lebenden zu leben anfangen."

Verzeih, diese Bemerkung könnte zwar tiefsinnig sein, scheint mir aber an einen Witz zu belecken.

„Undenkbarer, du wirst keck."
Ich scherze nicht. Erst noch hat der

Leben anzufangen."

„Was verstehst du darunter?"

„Ich sage, das Leben hat noch anzufangen. Hast du bisher nichts Ödes, leergefühlt? Nennst du das Leben?"

„Es ist wahr, was du sagst. Aber ich bemühe mich, Alles so gut wie möglich zu finden und mich leicht zufrieden zugeben."

„Das könnte auch sehr bequem sein. Du darfst und du sollst aber weit höhere Ansprüche machen."

„Mir graut davor. Ich will gar nicht daran denken, dass ich mir selber befriedigen könnte, aber ich traue auch dir nicht zu, dass du mir befriedigen sättigen könntest. Es mag sein, dass ich dir vielleicht einmal zu wenig zutraue. Daran mag schuld sein, dass ich dich seit Kurzem so menschlich angenähert, so urban fand.

„Das beweist nichts. Bilde dir nur nicht ein, du könntest mich irgendwie umfassen und die einverleiben. Dazu bist du denn doch zu klein."

Wer soll er sein? Es erfüllt mich mit Freude und Schreck, dass du noch Weiteres geben willst.

„Du hast es verdient, denn du hast deine Pflicht als Mensch ge- than — andern Menschen gegenüber."

Hierin muss ich mir gegenüber immer anspruchsvoller sein. Es ist aber ein süsser Gedanke, dass es hiefür auch einen Lohn geben soll.

Ich gebe dir den Lohn dir in Bild. Schaue!

Ich sehe Elias — in einiger Entfernung hinter ihm Salome. Elias deutet auf Salome die Sehende. Sie kommt näher — er fasst ihre Hand und führt sie uns zu. Sie schlägt erröthend und liebend die Augen nieder.

Er spricht: „Hier gebe ich dir Salome, sie sei dein."

I. Aber um Gotteswillen — was soll ich mit Salome? Ich bin schon verheirathet und wir sind weder bei den Türken noch in sonstigen patriarchalischen Umständen.

Salome weicht eingeschüchtert zurück. Elias: Du hilfloser Mensch — wie bist du schwerfällig! Ist sie nicht ein schönes Geschenk? Ist ihre Heilung nicht dein Werk? Willst du ihre Liebe nicht annehmen als den wohlverdienten Lohn für deine Mühe?

I. Mir scheint, Elias, als ob dies ein sonderbares Geschenk wäre – wohl eher eine Last, als eine Freude. Ich freue mich daran, dass Salome mir dankbar ist und mich liebt. Ich liebe sie auch – relativ – meine ich. Übrigens, die Mühe, die ich mit ihr hatte, war mir – sehr wörtlich genommen – eher ausgepresst als dass ich sie freiwillig und absichtlich geleistet hätte. Wenn die meinerseits unbeabsichtigte Tortur einen so guten Erfolg hatte, so bin ich übrigens zufrieden.

Elias schweigt und sieht Salome an.
Sal: Lass ihn, er ist ein sonderbarer Mensch. Weiss der Himmel, was er für Beweggründe hat, aber es scheint ihm ernst damit zu sein. Ich bin doch nicht hässlich und bin fein heile – und keine Geringe – gewiss begehrenswerth.

Warum schlägst du mich aus? Ich will deine Magd sein und dir ein liebes Weib. Ich will vor dir singen und tanzen, ich will für dich die Laute schlagen, ich will dich trösten, wenn du traurig bist, ich will mit dir lachen, wenn du fröhlich bist. Ich will alle deine Gedanken in meinem Herzen tragen, deine Worte, die du zu mir sprichst, will ich küssen. Ich will jeden Tag für dich Rosen pflücken und alle meine Gedanken sollen allzeit dich erwarten und umgeben.

J. Liebe Salome, ich danke dir für deine Liebe. Es ist schön, von Liebe sprechen zu hören. Es ist Musik und altes fernes Heimweh. Du siehst meine Thränen fallen auf deine lieben guten Worte. Ich möchte ... dir knien und hundertmal deine Hand küssen, weil sie mir den Dienst der Liebe erweisen wollte –

Liebe? — Du sprichst so schön von

Liebe. Man kann nie genug von Liebe sprechen hören.

J. Warum nur sprechen? Ich will dein sein, ganz dir gehören.

J. ~~Ich~~ Du bist wie die Schlange, die mich umwand und mein Blut auspreßte. Deine scharfen Worte umwinden mich und ich ~~ich~~ stehe wie ein Gekreuzigter.

S. Warum immer noch ein Gekreuzigter?

J. Siehst du nicht, daß steinharte Nothwendigkeit mich ans Kreuz geschlagen hat? Es ist die Unmöglichkeit, die mich lähmt.

S. Willst du nicht die Nothwendigkeit durchbrechen? Ist das überhaupt eine Nothwendigkeit, die du so nennst?

J. Meine Principien — es klingt dumm, verzeih mir — aber ich habe Principien. Denk nicht, es seien fade Moralprincipien,

sondern es sind Erkenntnisse, die mir deshalb
aufgenöthigt hat.

S. Was für Principien?

J. Du bist hart. Aber höre: Schgarifst
daran, dass es Deine Bestimmung sei, mir
anzugehören. Ich will mich nicht in
dem Dir allein eignen Leben einmischen,
denn ich kann Dir nie helfen, es zu Ende
zu führen. Und was gewinnst Du, wenn
ich Dich einmal weglegen muss wie ein
getragenes Kleid?

S. Deine Worte sind grausam, aberwahr.
Aber ich liebe Dich so, dass ich mich auch
selber weglegen könnte, wenn deine Zeit
gekommen ist.

J. Ich weiss, dass es mir eine allergrösste
Qual wäre, Dich so weggehen zu lassen.
Aber wenn Du es für mich thun kannst,
so kann ich es auch für Dich. Ich würde
ohne Klage weitergehen, denn ich vergesse

jenes Traumes nicht, den ich vor einem
halben Jahre hatte: Ich sah meinen
nackten Körper, auf einer mit spitzen
Nägeln gespickten Strasse liegen und ein
mächtiges ehernes Rad rollte über meine
Brust und zerfleischte mich.
    Ich denke daran, wenn ich
an Liebe denke. Wenn es sein muss,
ich bin bereit.
S. Ich will ein solches Opfer nicht.
Ich wollte dir Freude bringen. Kann
ich Dir keine Freude sein?
J. Ich weiss es nicht – vielleicht, vielleicht
auch nicht.
S. So versuche es doch wenigstens.
J. Der Versuch kommt der That gleich.
Solche Versuche sind kostspielig.
S. Willst du es dir nicht für mich kosten
lassen?
J. Ich bin etwas zu schwach, zu ent-

kräftet nach dem, was ich um dich gelitten,
um noch in Stande zu sein, weitere Ausgaben
für dich zu machen. Ich könnte sie nicht tragen.
S. Wenn du mich nicht nehmen willst, so
kann ich dich doch nicht nehmen.
J. Es handelt sich wohl nicht ums Nehmen,
sondern, wenn es sich um etwas handelt,
so handelt es sich ums Geben.
S. Ich gebe mich dir ja. Nimm mich
an.
J. Wenn es nur daran läge! Aber die Um-
stimmung und Liebe! Es ist gräßlich, nur
daran zu denken.
S. Du verlangst wohl, daß ich sei und zugleich nicht sei. Das ist unmöglich. Was
fehlt dir?
J. Mir fehlt es an Kraft, ein weiteres
Schicksal auf meine Schultern zu laden.
Ich habe genug zu schleppen.
S. Aber wenn ich dir helfe, das ist schwere

zu tragen?

E. Wie kommst du? Du lästert mich zu tragen – eine widerspenstige Last. Hab ich sie nicht selber zu tragen?

Cleis. Du sprichst die Wahrheit. Ein Jeder trage seine Last. Wer andern seine Lasten aufbürdet, ist deren ihr Sklave. Es zu keinem zu schwer, sich selber zu schleppen.

S. Aber, Peter, könnte ich ihm nicht wenigstens einen Theil seiner Last tragen helfen?

E. Das geht nicht, sonst ist er dein Sklave –

S. oder mein Herr und Gebieter.

J. Das will ich nicht sein. Du solltest ein freier Menschsein an meiner Seite. Ich kann weder Sklaven noch Herren ertragen. Ich sehne mich nach Menschen.

S. Bin ich nicht ein Mensch?

J. Ich flehe Schau, sei dein eigner Herr und Sklave, gehöre nicht mir, sondern dir. Trage nicht meine Last, sondern deine. Damit giebst du mir meine menschliche Freiheit, ein Ding, das mir mehr werth ist, als ein Eigenthumsrecht ~~eines~~ an einen Menschen.

S. Schickst du mich weg?

J. Ich schicke dich nicht weg. Du mögst mir nicht ferne sein. Aber gieb mir nicht aus deiner Sehnsucht, sondern aus deiner Fülle. Ich kann deine Armuth nicht sättigen, sowie du mein Sehnen nicht stillen kannst. Wenn du eine reiche Ernte hast, so schenke mir ein paar Früchte deines Gartens. ~~wenn~~ Wenn du an Überfluss leidest, dann will ich aus dem überquellenden Horn deiner Freude trinken. Ich weiss, das wird mir Labe sein. Ich kann mich nur an Tische des Satten sättigen, nicht an den

mageren Brocken des Bedürftigen und
Sehnsüchtigen. Ich will mir meinen
Lohn nicht stehlen.

Du besitzest nicht, wie kannst
du geben? Du forderst, indem du schenkst.

Elias, Alter, höre: Du bist ein patriar-
chalischer Jude, du hast eine altmodische Dankbarkeit. Verschenke
deine Tochter nicht, sondern stelle sie
auf eignen Füssen. Sie mag tanzen, singen
oder die Laute schlagen vor den Leuten
und sie mögen ihr blinkende Geldstücke
vor die Türe werfen.

Salome, du hast gehört. — ich sage
dir noch dazu, dass ich dir für deine Liebe
danke — wenn du mich wahrhaft
liebst, dann gehe auf die Märkte,
tanze, singe oder schlage die Laute vor
den Leuten, gefalle ihnen, dass sie
deine Schönheit und deine Kunst preisen,

Und wenn du mich Ernst gehalten hast
und du mich dennoch liebst, dann wirf
mir eine deiner Rosen durchs Fenster,
und wenn der ~~Freude~~ Born der Freude
dir überquillt, so tanze und singe auch
mir einmal. Ichsehen mich nach der
Freude der Menschen, nach ihrer Sattheit und
Zufriedenheit und nicht nach ihren Sehn-
süchten.

   Salome hängt weinend am Hals ihres
Vaters.
S. Was ist das für ein harter und unverständlicher
   Mensch!
E. Du hast dich verändert, seitdem ich dich
   zuletzt Malsah. Du sprichst eine andere
   Sprache, die mir fremdartig ~~zurück~~klingt.
J. mein lieber Prophet, ich glaube gerne,
   dass du mich verändert findest. Aber auch
   mit dir scheint eine Veränderung vorgegangen
   zusein. Wo hast du denn deine Schlange?

E. Die ist mir abhandengekommen. Ich glaube, sie wurde gestohlen. Lüften geht es bei uns etwas trübselig zu. Ich wäre darum froh gewesen, wenn Du wenigstens meine Tochter genommen hättest.

J. Ich weiss, wo deine Schlange ist. Ich habe sie. Meine Seele holte sie mir aus der Unterwelt. Sie giebt mir Kraft, Weisheit und magische Gewalt. Wir hatten die Schlange in der Oberwelt nötig, denn sonst hätte die Unterwelt den Vorteil gehabt, uns zum Schaden.

E. Wehe Dir, verfluchter Räuber — Gott strafe Dich.

J. Dein Fluch ist kraftlos. Wer die Schlange besitzt, den erreicht kein Fluch. Nun, Alte, sei klug. Wer die Weisheit besitzt, ist nicht gierig nach Macht, und er besitzt nur die Macht, die sie nicht ausübt.

Salome, weine nicht, nur das ist Glück, was du selber schaffst und nicht, was du bekommst.

Verschwindet, meine betrübten Freunde, es ist spät in der Nacht. Nimm den falschen Machtschimmer, Elias, von deiner Weisheit und du Salome, um unserer Liebe willen, vergiss nicht zu tanzen!

11. II. 14.

Nachdem all dies gesagt ist, höre ich Salome noch immer weinen. Was will sie noch? Oder was will ich noch? Das war ein merkwürdiger Lohn, meine Seele, der mir zugedacht wurde, ein Lohn, den man ohne Opfer nicht anrühren kann und der noch grössere Opfer erfordert, wenn man ihn anrührt.

„Willst du denn ohne Opfer leben?
Das Leben muss dir Schutzwehr kosten."

Ich habe, glaube ich, bereits bezahlt.
Ich habe Salome ausgeschlagen und
überdies sie auf sich selber angewiesen.
Ist das nicht Opfer genug?

„Für schwerlich zu wenig,
wie gesagt, du darfst anspruchsvoll
sein."

Du meinst wohl: anspruchs-
voll im Opfern. So hatte ich es allerdings
nicht verstanden. Ich habe mich wie-
dereinmal zu meinem Vortheil getäuscht
wie es scheint. Aber sage mir, ist des
Opfers nicht genug, wenn ich auf die
Liebe der Salome verzichte und mein
eigenes Gefühl in den Hintergrund dränge.

„Du drängst ja dein Gefühl
garnicht in den Hintergrund. Sondern

es passt dir viel besser, den Kopf für Salome weiter nicht mehr zu buchen zu müssen."

Das ist albern, wenn auch die Wahrheit spricht. Ist das der Grund, weil dass Salome noch immer weint und ich die eisernen Klammern am linken Fusse spüre?

„Ich denke, ja."

Aber was ist da zu thun?

„Oh, du willst thun? Man kann auch denken. Probleme werden auch durch Denken gelöst."

Das klingt erlösend, denn mit Thun schien mir kein Ausweg möglich. Doch was ist zu denken? das scheint mir überaus fragwürdig. Ich wollte es zwar selber denken, aber ich gestehe, ich weiss hier nichts zu erdenken. Ich kann also zu dir, vielleicht weisst du

Rath. Ich hebe ein Gefühl, als wenn ich über meinen eigenen Kopf emporsteigen. Das kann ich nicht. Was denkst du?

„Ich denke garnichts, weiss auch garkeinen Weg."

So frage doch die Zerrütigen, fahre zur Hölle oder zum Himmel, vielleicht giebt es dort Rath.

„Mir scheint, ich möchte zum Himmel."

So fahre wohl. Ich warte.

— — — — — —

„Hörst du mich? Ich bin sehr ferne. Der Himmel ist so weit weg, die Hölle ist viel näher bei der Erde.

Kaum dringt meine Stimme zu dir hinüber.
Ich fand etwas für dich — eine verlorene
Krone, sie lag auf einer Strasse in den
unerreichbaren Himmelsräumen — eine
goldene Krone."

"Gieb sie mir, vielleicht sagt
sie mir etwas."

In meiner Hand liegt eine kleine
goldene zackige Krone — Auf jeder Zacke
eine Perle. Zu innern sind griechische
Buchstaben eingeschnitten:

Η ΑΓΑΠΗ ΜΗΔΕΝ ΕΚΠΙΠΤΕΙ.
— "Die Liebe höret nimmer auf."

"Offenbarein Himmelsgeschenk.
Aber was soll die Krone?

"Ich bin da, bist du zufrieden?"

Theilweise — jedenfalls denke ich dir

für das sinnreiche Geschenk. Aber es ist rätselhaft und deine Geschenke — verzeih mir — machen mich nachgerade etwas misstrauisch.

„Aber dies Geschenk stammt aus dem Himmel."

Das ist ganz schön — aber du weisst doch, was wir von Himmel und Hölle ausgemacht haben.

„Übertreib's nicht. Es ist immer hin ein Unterschied zwischen Himmel und Hölle. Ich glaube zwar, dass im Himmel ebenso wenig passiert wie in der Hölle, jedoch wahrscheinlich auf eine andere Weise. Auch was nicht passiert, kann auf seine besondere Weise nicht passieren."

Du sprichst in Rätseln, die Einen krank machen könnten, wenn man sie so recht tragisch nähme. Sprich, was meinst du von der Krone?

„Was ahne ich? Nichts. Sie spricht wahrhaftig für sich selber."

Du meinst — durch die Worte, die die Krone trägt?

„So ist es, das leuchtet dir wohl ein."

Schon so einigermaassen — aber das hält die Frage abscheulich in suspenso.

„Das wird wohl beabsichtigt sein."

Du bist enervierend.

„Nur für den, der mit mir nicht eins ist."

Das bin ich allerdings nicht ganz. Aber wie könnte man? Es ist grausam, dermaassen in der Luft zu hängen.

„Ist dir dieses Opfer zu schwer? Du musst auch hängen können, wenn du Probleme lösen willst. Schau dir Salome an!"

Theure Salome – sie weint nicht mehr, sondern sieht gespannt nach mir.

? Du siehst, Salome, ich bin nicht erledigt. Ich schwebe und verfluche mein Schweben. Ich bin gehängt um deinet- und um meinetwillen. Das erste Mal war ich gekreuzigt, jetzt bin ich bloss gehängt – weniger vornehmer nicht minder qualvoll. Verzeih mir, dass ich dich erledigen wollte, ich dachte, dich zu erlösen, wie damals, als mein Opfer deiner Blindheit chütte. Vielleicht muss ich das dritte Mal für dich geköpft werden wie St. Johannes der Täufer. Bist du unersättlich? Siehst du noch keinen Weg, um vernünftig zu werden?

S. Mein Lieber, was kann ich dafür? Ich habe ja ganz auf dich verzichtet.

J. Warum hast Andern noch immer geweint? Du weisst doch, dass ich es nicht ertragen kann, Dich weinen zu hören und gar noch während gar ganzer Tagen und Nächten.

S. Ich dachte, du seiest unverwundbar, seitdem Andenklinwergen Stab besitzest.

J. Ich dachte so, aber jetzt ist es mir zweifelhaft. Zu Einem hilft mir der Stab — ich ersticke wenigstens nicht, trotzdem ich gehängt bin. Der Wunderstab hilft mir offenbar, das Hängen Gehängtsein zu ertragen — allerdings eine grausame Wohlthat und Hülfe. Willst du mich nicht wenigstens abschneiden?

S. Wie kann ich? Du hängst zu hoch.

Du hängst ja zwischen Wipfel des
Lebensbaumes, wo ich nicht hinge-
langen kann. Kannst du dir nicht
selber helfen?

J. Muss ich noch lange hangen?

S. So lange, bist du dir Hilfe er-
sonnen hast.

J. So sage mir wenigstens, was denkst
du von der Krone, die mir meine
Seele aus dem Himmel geholt hat?

S. Hast du die Krone? Glücklicher,
worüber beklagst du dich noch?

J. Ein gehängter König würde gerne tauschen
mit jedem nicht gehängten Bettler
auf der Landstrasse.

S. (ekstatisch) Die Krone — — du hast
die Krone.

J. Salome, erbarme dich meiner.

Was will es mit der Krone?

S. (wehimmerekstatisch) Die Krone
– – Du sollst gekrönt werden.
Welche Seligkeit für mich und für Dich!

?. Ach, was willst Du mit der Krone,
Ich kann es nicht verstehen.

S. (zornig) Dann hänge, bis Du verstehst.

Ich schweige und hänge hoch
über dem Boden an einem schwankenden
Aste. Meine Hände sind gebunden
und ich bin gänzlich hilflos.

Was soll ich Salome bitten? Sie
kann oder will nicht helfen.

R. II. 14.

Von wo soll Hilfe kommen?
„Wir holen die Hilfe aus den Wolken,

sie über deinem Haupte ziehen, wenn
uns anders keine Hilfe wird."

Ich sehe, meine Seele spricht.
Sie sitzt als ein kleiner weißer Vogel auf
einem Zweige in meiner Nähe; traurig
und gesenkten Kopfes.

Aus den Wolken willst du Hilfe
holen? Wie ist das möglich?

„Ich gehe und ~~werde~~ will's versuchen."

Der Vogel schwingt sich auf
wie eine steigende Lerche, wird kleiner
und kleiner und verschwindet endlich
in den dichten grauen Wolkenschleier
die den Himmel bedecken. Ich sehe
dem Vogel sehnsüchtig nach, und
ich sehe nichts mehr als den unendliche
grauen Wolkenhimmel über mir,
undurchdringlich grau, einen-eang

grau und unbesbar — unbesbar?
Wie wenn eine Schrift am Himmel stehen
könnte — ~~ster~~ über die Krone — sie
brachte Sacheinschrift mit: ἡ ἀγάπη ⟨οὐδέποτε⟩
ἐκπίπτει — daß die Liebe nimmer auf-
höre — bedeutet das ewiges Hängen?

Ich war nicht vergebens mißtrauisch,
als man die Krone brachte — die
Krone des ewigen Lebens — die Krone
der Barmherzigkeit — die Krone des
Martyriums — lauter ominöse Dinge,
die gefährlich ~~eine~~ und zweideutig
sind — ?

Ich bin müde, nicht nur müde
des Gefangtseins — müde des Ringens
nach all den Unermesslichkeiten.

Weit unter meinen Füssen auf
dem Boden liegt die rätselhafte Krone
flinkend in Goldschein aufente—

Stimmt grauer Erde. Ich schwebe
nicht — nein ich hange oder vielmehr ich schlimmer ich bin gehängt
zwischen Himmel und Erde — und
kann der Gehängtseins nicht satt
werden — könnte ich mich doch für
immer daran sättigen, aber ἡ ἀγάπη
μηδέν ἐκπίπτει — ist es wirklich
wahr, soll die Liebe nie aufhören?
Was Jenem frohe Botschaft war,
was ist es mir?

„Das liegt ganz am Begriff."
Das ist ein alter Rabe, der nicht
weit von mir sitzt — philosophisch
in sich selbst versunken.
i. Wieso am Begriff?
Rabe: an Deinem und Jenem
Begriff von Liebe.

J. Ich weiss, alter Unglücksvogel,
du meinst himmlische und irdische
Liebe. Die himmlische Liebe wäre ganz
schön, aber wir sind Menschen und ich
habe meinen Kopf darauf gesetzt, weil
wir eben Menschen sind, auch ein ganzes
und rechter Menschzusein.

R. Du bist ein Ideolog — Wieslich
träfe weniger zu.

J. Dummes Rabenvieh, heb dich
hinweg von mir.

Ich sehe da kleine schwarze
Schlange; sie hat sich um einen
Zweig gewunden und sieht mit dem
blinden Perlschimmer ihrer Augen mich
an.

J. Schwester und schwarzer Wunderstab — was meinst du?

fehl. Ich meine Geduld zu vermöthen.
Hier nützt keine Magie. Meine
Zauberkunst taugt hier nichts.
Ich bleibe beschäftigungslos — mich
freuig gewunden, um die weiteren
Dinge abzuwarten. Du kannst mich
im Lebengebrauchen, aber nicht im
Gehängtsein.

Denke an die Krone — so dreht
sich sie — und jetzt schneller —
alles dreht sich mit ihr, die ganze
Erde dreht sich — ich stehe aber hänge
ruhig und unbewegt. Wie kosmisch
das anmuthet! Wie wenn ich
über dem Erdpol aufgehängt wäre!
Mir gegenüber in der Luft steht Satanas
traditionell geformt wie immer —
u ein Kosmisches Carroussell"

nicht ernst nehmen zu lachen — u. das
kommt doch von der Ausgleichung
der Gegensätze — widerrufe und du
bist alsogleich unter aufgeregter
Erde."

1. Ich widerrufe nicht — ich bin
nicht blödsinnig — Wenn dies das
Ende vom Lied sein soll, so soll es
der Ende sein.

Schlange: Wo ist deine Inconsequenz?
Bitte erinnere Dich an die wichtige
Regel der Lebenskunst.

J. Der Inconsequenz ist Genüge
gethan damit, dass ich hier hänge.
Ich lebe bis zum Überdruss nach In-
consequenzen. Bin ich nicht meiner
Umwelt zum Räthsel werden geworden?
Was willst du mehr?

Schl. Aber vielleicht Inconsequenz
an der richtigen Stelle — ?

J. Hör auf! Was weiss ich, was
richtige und unrichtige Stelle is?

Sat. Wer so souverän mit den Ge-
gensätzen auffährt, der weiss doch,
was Rechts und Links ist.

J. Schweige, du bist Partei.

Aber wenn der weisse Vogel
käme und mir Hilfe brächte, das wäre
beruhigend — ich fürchte, ich werde
schwach.

Schl. Sei nicht dumm — Schwachheit
ist auch ein Weg — Magie ~~nicht~~
wetzt die Scharte aus.

Sat. Habe doch den Muth zur
Schwäche — Du willst ein ganzer
Mensch sein — sind Menschen stark?

J. Meine Seele, findest du wohl den
Rückweg nicht? Bist du auf - und
davongegangen, weil mit mir nicht
zu leben ist?

Ha Salome! Sie taucht am
Horizont auf. Komm zu mir,
Salome! wieder ist eine Nacht
vergangen. Ich habe dich nicht
weinen hören, aber ich hieng und
hänge noch.

S. Ich habe nicht mehr geweint, denn
Glück und Unglück halten sich in
mir die Waage.

J. Ich bin auch balanciert — aber
wie! Meine Seele, der kleine weisse
Vogel ist davongegangen und noch
nicht wiedergekehrt. Ich weiss nichts
und verstehe nichts. Liegt es an der

Krone? So rede doch!

P. Ursprünglich sagen? Forschen in dir selber.

J. Ich kann nicht, mein Hirn ist wie Blei — ich kann meiner Hülfe winseln. Ich weiss nicht, ob Alles stürzt oder ob Alles ruhig steht. Meine Hoffnung ist ganz bei meiner Seele. Bringt sie nicht Erlösung, dann — dann weiss ich nicht wo zu gehen soll.

Ach, es ist doch nicht möglich, dass Vogelsein gleichbedeutend ist mit Gebanntsein?

Sat. Ausgleichung der Gegensätze! Gleiches Recht für Alle und Alles! Wahrheiten!

J. Ich höre ein Vöglein zwitschern —

Bist du es, meine Seele? Kommst du zurück?

„Liebst du die Erde, so bist du gehängt, liebst du den Himmel so schwebst du."

? Was ist Erde? Was ist Himmel?

„Alles unter dir ist Erde, Alles über dir ist Himmel. — Du fliegst, wenn du nach dem strebst, was über dir, du bist gehängt, wenn du nach dem strebst, was unter dir."

Was ist über mir? Was ist unter mir?

„~~Alles~~ Über dir ist, was über dich hinaus, unter dir, was unter dir zurück."

Und du Krone, löse mir das Rätsel der Krone!

„Krone und Schlange sind Gegensätze und Eins. Sahest du nicht die Schlange, wie sie das Haupt des Gekreuzigten krönte?"

J. Ich verstehe nicht.

„Was für ein Wort brachte dir die Krone? — Die Liebe höret nimmer auf — das ist das Geheimnis von Krone und Schlange."

J. Aber Salome? Was soll mit Salome geschehen?

„Du siehst, Salome ist, was du bist. Fliege, so werden ihr Flügel wachsen."

Die Wolken zertheilen sich, der Himmel ist voll Abendröthe

Die Sonne sinkt ins Meer am Horizont und mit ihr gleite ich langsam vom Wipfel des Baumes zur Erde. Ich fühle festen Grund. Leise und friedlich dämmert die Nacht.

15. II. 14.

Aber es ist seitdem eigenartig, weder warm und nicht kalt — nicht vorwärts und nicht zurück.

Ich will mit meiner Seele Rath halten, über das, was nunmehr sein wird.

Was meinst Du zu der gegenwärtigen Situation?

„Ich denke, es sei eigenthümlich, was jetzt geschieht."

Was geschieht denn?

„Es geschieht etwas, aber die Kunst ist gerade, herauszufinden, was eigentlich geschieht."

Weißt du eigentlich, was geschieht?

"Ich weiß es auch nicht. Aber ich habe immer die Mittel, mich zu unterrichten —"

Das ist sehr angenehm, das zu wissen.

"Oder unangenehm, denn es ist kostspielig, sich unterrichten zu lassen. Das geschieht nicht für nichts."

Wie meinst du das? Meinst du, es sei kostspielig, den Dingen jeweils auf den Grund zu gehen?

"Gewiß. Jedermann hat immer die Fähigkeit, zu erfahren, was vorgeht, aber nicht alle können diese Ausgaben machen. Es ist sehr erschöpfend."

Das habe ich auch schon gedacht. Es ist eine ganz besondere unerschöpfliche Anstrengung. Was denkst du, lohnt sich die Mühe?

"Ich glaube, ja, insofern man Zeit dazu hat."

Denkst du nicht, man könnte am Ende die Zeit besser verwenden?

„Besser verwenden? Wozu? Es hat einen guten Grund, daß du diesen Dingen nachgehst. Übrigens weißt du das schon längst."

Es ist richtig, ich weiß es eigentlich. Aber mich plagt immer der Gedanke, ob eine dar. das weiter geht und obenan wir ein Ende erreichen?

„Das möchtest du natürlich gerne wissen. Aber die Zukunft ist dunkel und Alles daran ist noch zu machen."

Die Ungewißheit und Unabsehbarkeit ist schwer zu ertragen.

„Natürlich, aber wer sagt, man habe leicht zu tragen, wenn man Zukunft schaffen und nicht bloß erleben will?"

Die Ungewißheit erschwert die Arbeit oben um ein Vielfaches.

was willst du? was ungewiß ist, ist un

gewis. Jeuer ist nur, das du schaffst. Auch du Werth dessen, was du kennst ist zweifelhaft, nothwendigerweise, denn du hast gar kein Mittel, den Werth gegenwärtigen Dinge irgendwie zuzutrauen; Das stellt sich immer erst später heraus, wenn sie überhaupt einen Werth haben. Man muss mit dem Ungewissen existieren können. Das ist ganz selbstverständlich; darüber kann sich nur ein Intellectualist aufregen."

Ich rege mich weiter nicht auf darüber. Ich möchte es nur möglichst bequem haben.

"Nun, da nenn' ich schon was ehrlich. Das sind Fortschritte."

Gott sei Dank findest du wenigstens, dass ich einige Fortschritte mache. Das Wort allein schon ist wohlthätig.

Mir scheint, du verminst Katzenjal. Es geht dir nicht hastig und nervös genug zu."

Nein, mir gefällt der Geruch sowie. Aber der Kopf drückt mich, als ob er schwanger gienge. Ich sehne mich nach Entbindung.

„Deine Schwangerschaft ist noch nicht zu Ende. Ich mag nicht immer von Gedult reden."

Schon nicht, aber man weiss ja nichts Bestimmtes.

„So hör doch auf — was willst du für Gewissheiten?"

Ich will keine mehr. Ich rede nicht drum herum.

„Du willst also nicht hinein."

Das wird es wohl sein. Es wird mir schlecht beim blossen Gedanken daran.

„Nimm die Peitsche und treibe deinen Faul an. Er ist nicht müde, sondern feal. Müdigkeit sieht anders aus."

Was soll ich thun?

„Sei bereit, das zu fassen, was vor-
beifliegt."

Es fliegt nichts vorbei.

„Doch, du willst es eben nicht nehmen,
weil dir die Anstrengung scheut. Ich
lasse ja fortwährend etwas vorbeifliegen."

Ja – schon, aber entsetzlich langweilige Dinge.

„Du willst Sensationen. Diese
kunst hat dir noch zu werden.

Also, was willst du die fangen?"

Ich kann nicht anders — aber
ich sehe ubergeräume Zeit ein Lineal
vor mir, ein alltägliches gerades Lineal.
Das würde mir ablichen, denn es ist erschütternd langweilig.

„Du verstehst die Kunst, dir das Leben
interessant zu machen, nachgerade."

sich das Leben interessant machen — Das ist wieder einer deiner kostbaren Gemeinsätze die mich früher stets aus der Haut getrieben haben.

Du siehst wie wirksam wahr und für sich durchaus zutreffend der Gemeinplatz ist. Thun nicht so wichtig. Der Gemeinplatz ist in der Regel eine universelle Wahrheit und eine grosse Gewissheit. Auch diesen Dingen steht ja dein Sinn. Nun, nimm den Lineal und verachte dieses Instrument keineswegs. Denk doch nur, was für eine Calamität es wäre, wenn man keine Lineale mehr hätte. Die Grundfesten der Cultur wären erschüttert und der Mann, der den Lineal wieder erfände wäre der grösste Wohlthäter der Menschheit. Überzeugt euch nur, wie werthvoll die kleinen Dinge sind, die dich tagtäglich umgeben."

Du bist ein gräulicher Schulmeister,

„Du provocierst es".

Das Lineal – also – ist nunmal – wie mein Tauberstab. Es ist also auch ein Lineal. Schwer ist es, nicht zu spotten. Und gerade ist es auch. Ich rede deinem Styl nur Du siehst.
Bei jeder Gelegenheit, wo der Tauberstab wieder auftaucht, befällt mich natürlich die Neugier wieder, was der Tauberstab wohl soll. Das ist – scheint mir – eine sehr dunkle Angelegenheit.

„Ich nach deinem Lineal!"

Ich sehe wie zwei Hände an beiden Enden es sorgsam fassen und auf einen Tisch legen – und die eine Hand zieht damit einen geraden strich ~~to the Line~~
Als Zwischenbemerkung muss ich dir sagen, dass ich die Langeweile krampfhaft herunter

schlucken muss.

„Nur ruhig — ich halt dich fest. Es ist auch nicht vor einem Lineal davonzulaufen."

Es ist Thierquälerei und ich mag sie nicht.

„Du bist unausstehlich."

Ich kann mich zu keiner Empörung aufraffen. Ich kann meine Segel auch vor einem Lineal streichen. Ich habe durchaus kein Bedürfniss, bedeutend zu sein. Auch mein Tabak ist zu Ende. Ich kann daher nicht weiterschreiben. Ich bin zu tief überzeugt von der Wichtigkeit der kleinen Dinge, als dass ich mich von den genannten Umständen unabhängig erklären könnte. Du schreckst und lockst mich nicht.

Ich hoffe, ich erklärt dich zu überwinden.

"Das wird der Erfolg lehren."

Gut, ich lasse es darauf ankommen.

―――――

22. VI. 14.

Ich dachte nicht so bald wiederzukommen. Aber so wundsälich und so wunderbar sind Deine Erfüllungen, oh meine Seele, dass ich bald wiederkehren musste. Ich rede nicht von Dingen, die Du weißt, aber ich möchte dir sagen, dass noch alles klingt in mir von der Erfüllung, die mir geworden. Ich urtheile nicht, aber beinahe hätte ich geurtheilt und beinahe wäre ich daran umgefallen. Ein Traum heute Nacht zeigte mir, wie ich in meinem Garten stand; viele lautere Quellen waren aus dem Grund aufgesprungen und überall rieselte das

Wasser. Ich leitete flink alles Wasser in einen tiefen Graben, der dasselbe wieder dem Schoosse der Erde zuführte.

Mit diesem Traum kehre ich zurück, da es mir scheint, als hätte ich wieder in die Tiefe gesehen.

Sprich, was denkst Du?

„Ich denke, Du seiest auf dem rechten Wege."

Wenn ich auf dem rechten Wege bin, nun sag mir, wohin soll es gehen?

„Frage nicht mich, sondern schaue!"

Ich sehe eine weite Ebene — hohe Grasbüschel — trockene Erde — darüber ein blauer Himmel. Ich sehe in der Ferne eine Viehherde, getrieben von berittenen Hirten mit langen Lanzen. Sie tragen breite Strohhüte.

Voraus steht einer der Hirten, muß

braunem hagern Gesicht — erscheint
mir bekannt aus — eine merkwürdige
Ähnlichkeit mit mir — was soll es?

Wer bist Du?

H. Ein Deutscher, dem das deutsche
Vaterland zu langweilig geworden ist.

?. Hast du's hier besser?

H. Besser und schlechter. Wir leben
hier sehr primitiv mit allen Nach-
theilen und Vortheilen des Primitiven.
Aber wir sind frei und unbeschränkt,
dafür nimmt man Vieles in Kauf.

?. Bedauerst Du nicht, von der Civilisation Abschied genommen zu haben?

H. Ich könnte es vielleicht bedauern,
aber ob dem Leben vergisst man, was
man nicht hat.

?. Aber mangelt Dir die Cultur nicht überall

H. Nein, eigentlich nicht. Ich trage die
Cultur irgendwie in mir, wie eine Art
innerer Spannung und Sehnsucht.

J. Ist dir nicht quälend?

H. Oh nein, wir haben uns mit dem äusseren
primitiven Leben genug zu quälen. Die
Sehnsucht nach der Cultur quält uns dann
wenig. Sie ist vielmehr ein angenehmes
und ahnungsreiches Gefühl.

J. Aber ärgert es dich nicht, dass dein
Leben so isoliert verläuft und dass eigentlich nie auf die Höhe deiner Culturfähig-
keit kommst? Jeder Indio könnte
ebensogut deine Stelle versehen. Du aber
könntest was Besseres leisten, wenn du
in der Cultur ~~daran~~ lebtest.

H. Hm — du magst Recht haben. Aber
dieses wunderbare freie Leben — man kann's
nicht lassen. Das Leben in den Städten
~~ist tot~~ Verkrüppelung. Einer mehr oder

weniger in der Civilisation — was kommt
es auf den Einzelnen an?
2. Aber wenn Alle so dächten wie Du?
was würde dann aus dem Culturwerk
der Menschheit?

H. Ich bin fern davon, behaupten zu
wollen, daß mein Verhalten vorbildlich
sei — ich war nie ein Vorbild und will
es auch nicht sein. Ich nehme mir eben
das Recht heraus, meine Individuali-
tät zu leben. Wenn Alle so dächten
wie ich, dann stünde es vielleicht anders
um die Civilisation. Wie viel Tauglinge
und Schwächlinge habt ihr unter euern
Culturhandwerkern, die aus lauter
Tauglichkeit und Schwäche bloß mitthun,
im Grunde genommen aber lieber anderes
thäten, wenn ihre Ängstlichkeit es
ihnen erlaubte?

7. Ich muss dir in diesem Punkt Recht

geben. Aber ich kann mich dadurch nicht aussöhnen mit dem Gedanken, daß es dir besser gefällt, ein so steriles Leben zu führen, wo du nur deinen wilden Gelüsten fröhnst, wo aber alle deine Geistesgaben ungenutzt brachliegen.

H. Sie liegen nicht ganz brach — Ich denke zwar allerdings bloß für mich. Aber denkt etwa der Culturmensch für einander? Es denkt doch Jeder für sich, wenn er irgend kann. Einer, der für Andere denkt ist entweder ein Dummkopf oder ein Philosoph, welcher nur insofern für Andere denkt, als er möchte, daß Alle Andern sein System nachdächten und nachbeteten.

J. Damit wirkt der Philosoph aber doch auch als Erzieher, obschon seine Absichten sehr egoistisch sein können. Ohne Egoismus wird doch keine Cultur arbeit geleistet. Obschon eröfters sehr darauf ankommt, wie etwas gemacht wird, so kommt es doch öfters auch garnicht darauf an, wie's gemacht, sondern daß es gemacht wird. Wie gesagt, es scheint mir, als ob Du Dich um deine Culturaufgabe drücktest.

H. Du bist ja sehr moralisch. Glaubst Du nicht an die Rechte der Persönlichkeit?

J. Doch, ich glaube auch daran; aber ich glaube auch an die Cultur aufgabe. Dieses Werk ist grösser als das Individuum und seine unzweifelhaften Rechte.

H. Aber wenn es mir wohler ist als Pampasreiter?

J. Das ist gerade der Punkt, wo mir Zweifel aufsteigen. Ich glaube nämlich nicht ganz, daß es Dir als Halbwilder wohler sei, als wenn Du in Deinen

Culturwerk steht. Das Leben, das er
hierführt, reicht nicht über deine Grenzen
hinaus; so bist du allzubegrenzt trotz
deiner schrankenlosen Freiheit. Unbe-
grenztheit hat du nur, wenn dein Werk
über dich hinausreicht.

H. Ich muss dir etwas gestehen: Du siehst
mich hier als einen Viehhirten, aber ich
war es nicht immer. Ich habe dir vorhin
nicht die Wahrheit gesagt über die Gründe,
warum ich mein Vaterland verliess.

Ich hatte dort eine Aufgabe, ich
stand an meinem Werk, und dieses Werk
reichte über meine Grenzen hinaus, es
überragte mich sogar unermesslich, und
ich war ganz allein an Werk — und die
Unermesslichkeit erdrückte mich. Ich
sah das Unendliche in meiner Aufgabe
und mir sanken Muth und Glaube. Ich
floh in die Wüste und sagte mich von
der Cultur los. Lieber alte Austin

eines primitiven halbwilden Lebens, als die unerträgliche Last einer unermesslichen Aufgabe, die mich zu Boden drückt! Ja, ich gebe es auf, denn ich bin zu schwach, die Unendlichkeit zu tragen. Ich bin zum Endlichen gegangen, zurück zum beschränkten menschlichen Leben, dessen Aufgabe zugleich mit ihm selber erlischt.

Ich bin lieber allein mit den gefährlichen Thieren der Wildniss als mit jener furchtbaren Aufgabe — man hat sein Gewehr und seine List — und der Sieg ist wenigstens möglich. Aber eine solche Aufgabe, die grösser ist als wir —? Hier hat man doch seine Gefährten, die uns zu Hilfe eilen können — dort hört dich niemand — im Gegentheil sogar, man legt dir noch möglichst Steine vor die Füsse, damit du dir ja nicht etwa die Ill-

sion machst. Du könntest vielleicht sogar
an die Aufgabe ernstlich herangehen.
Ich warf das Unmögliche von mir und ging
zurück zum möglichen.
I. Es scheint mir aber, als ob zwischen
deinem früheren Leben und deinem jetzigen
Leben doch noch andere Möglichkeiten
gelegen hätten. Er wäre doch nicht nöthig
dass du gleich in die Wildniss liefest,
als du deine wahrscheinlich übertriebene
Aufgabe nicht lösen konntest.
      Man kann seine Aufgabe doch
auch herabstimmen, will mir scheinen.
H. Du bist vernünftig und hast ba-
lancierte Ansichten. Aber hast du
je Unendlichkeit geschmeckt?
Hast du je den Schmerz und die Ver-
nichtung empfunden, die den be-
fallen, der keine Kraft mehr hat, den
Riesenblock weiter zu schieben? Hast
du je all die Bitterkeit ausgekostet,

ch dem gemacht wird, der über sich hinaus
schaffen möchte? Was soll ich reden
von der Verlassenheit, der Einsamkeit,
der Verzweiflungshölle —?
  Das werf ich von mir. Verstehst
du das?

J. Ich glaube, mein Bruder, dass ich
das verstehe. Das menschliche Herz
hat Rechte, die man ihm nicht bestreiten soll — — —.

  Wir schweigen lange, denn hier müssen
wir schweigen. Mit der Noth des menschlichen Herzens können wir nicht rechten.

J. Mein Bruder, ich verstehe deine Flucht.
Es wurde dir zu schwer. War niemand da,
der dich verstand?

H. Vielleicht — aber was hilft es?
Die Angst erstickte mich und ich
kam erst wieder zu mir, als ich gerettet
war, als ich Natur an meine Brust

pressen konnte. Ich trank wie ein Verdurstender das lautere Wasser der Freiheit. Seitdem erst lebe ich wieder.

Was hätte mir Verständnis, was menschlicher Trost geholfen? Wiegen sie die freie Wildnis, dies ungebrochene Atmen auf?

J. Ich muss Dir Recht geben. Aber darin kann ich Dir nicht Recht geben, dass Du in der Wildnis bleibst. Du bist kein Feigling und kein Schwächling. Wenn Du zu diesem Verzicht fähig bist, dann bist Du auch fähig, wieder an eine schwere Aufgabe heranzugehen. Sei nicht krampfhaft in deiner Consequenz, sondern lass mit Dir reden. Es scheint mir, als ob Du lange genug hergeweilt hättest. Das Werk harrt deiner.

———

23.II.14.

Das Klangleeren — gestern. Es scheint mir noch nicht zu gelingen. Ich will zu meinem Werk zurück. Was hält mich noch?

„Die Ehrsucht?"

Ist es möglich? Ich dachte, ich hätte diese Untugend überwunden.

„Überwunden? Was nennst du überwinden? Das hast sie einfach negirt und nicht haben wollen. Damit ich bekanntlich nichts überwunden."

Aber wie soll ich's thun? Ich kann doch höchstens versuchen, mich dadurch nicht bestimmen zu lassen.

„Sieh es ein."

Wenn du sagst, daß ich an Ehrsucht kranke, dann muss es wohl so sein

Aber wo und wie – das ist mir dunkel.
„So höre!"
_____

Es war einmal ein König und der hatte keine Kinder. Er hätte aber gerne Kinder gehabt. Er gieng daher zu einer weisen Frau, die im Walde wohnte und gestand ihr alle seine Sünden. Darauf sprach sie: „Herr König, Ihr habt gethan, was Ihr nicht hättet thun sollen. Aber weil es nun geschehen, so ist es geschehen und wir wollen sehen, wie ihr es in Zukunft besser machen könnt. Nehmt ein Pfund Otterschmalz, vergrabt es in die Erde und laßt ein halbes Jahr drüber hingehen. Dann grabt jene Stelle wieder auf und seht nach, was ihr dort findet." Also sprach die weise Frau. Der König aber gieng nach Hause, beschämt und betrübt. Er ging in den Garten und legte ein Pfund Otterschmalz, das er sich mühsam verschafft hatte, hinein. Nach einem halben Jahre grub er die Stelle wieder auf. Zu seinem Erstaunen fand er, daß das Fett ganz verschwunden war, an seiner Stelle aber lag ein schlafendes Kindlein. Da nahm er es mit und brachte es seiner Frau. Sie nahm es alsogleich an die Brust und siehe — ihre Milch floß reichlich. Das Kindlein aber gedieh und wurde groß und stark. Es wuchs zu einem Manne, der stärker war als alle andern. Als der Königssohn aber volljährig geworden war, da trat er vor den Vater und sprach:

"Ich weiß, Du hast mich durch Zauber gezeugt und ich bin nicht Dein geboren

wie sonst Einer der Männer. Du hast mich
aus der Berennung deiner Sünden geschaffen, das
machte mich stark, ich bin von keinem
Weibe geboren, das machte mich klug. Ich
bin stark und klug und darum fordere
ich das Königreich von Dir."

Der alte König war betroffen von
der Wissenschaft seines Sohnes, noch mehr
aber von seinem ungestümen Verlangen. Er
beschloss daher, den Sohn töten zu lassen.
Da sein Sohn khusa stark war, fürchtete
er ihn und beschloss daher, seine Zuflucht
zu einer List zu nehmen. Er ging nieder
zu der Zauberin im Walde und fragte
sie um Rath. Herr König, ihr,
Sie sprach: "Der beichtet ein Mi~~
mal keine Sünden, weil ihn eine Sünde
begehen wollte~~. Ich rathe euch, vergrabt nieder einen Topf mit Otterschmalz

und laßt ihn ein halbes Jahr in der
Erde liegen. Dann grabt wieder auf und
~~seht~~ schaut, was geschehen ist."

Der König that, wie ihm die
Tauberin gerathen hatte. Und von
Stunde an, wurde sein Sohn schwächer
und schwächer, und als der König
nach einem halben Jahre wieder
an die Stelle gieng, wo der Topf lag, da
konnte er seinem Sohne das Grab
schaufeln. Er legte ihn in die Grube,
wo der leere Topf lag.

Der König war betrübt und als
er seines Trübsinns nicht Herr werden
konnte, gieng er wieder hinaus zu der
Tauberin und fragte sie um Rath.

Sie sprach aber: „Herr König, ihr
wolltet einen Sohn, als aber der Sohn

begehrt, selber König zu sein und wohl auch die Kraft und Klugheit dazu hätte, so wolltet ihr keinen Sohn mehr. Deshalb habt ihr euern Sohn verloren. Warum klagt ihr? Ihr habt Alles, Herr König, was ihr wolltet."

Der König aber sprach: "Du hast Recht. Ich wollte so. Aber ich wollte dieses Bübchen nicht. Weißt du kein Mittel gegen die Reue?"

Die Zauberin sprach: "Vergrabt Herr König wiederum einen Topf mit Otterschmalz und seht nach einem halben Jahr nach, was ihr im Topfe findet."

Der König thut, wie ihm geheißen und von Stund' an ward er fröhlich und wusste nicht warum. Als er nach einem halben Jahre die Stelle wieder aufgrub, wo der Topf lag, da fand er darin ein schlafendes Knäblein und erkannte, dass dies Knäblein sein gestorbener Sohn war. Er nahm das Knäblein an und von Stund an wuchs es in einer Woche soviel wie andere Kinder in einem Jahre und als 10 Wochen um waren, so trat der Sohn wiederum vor ~~ihn~~ ihn, den Vater und begehrte sein Reich. Der Vater aber, ~~wusste~~ schon lange, wissend wie Alles kommen werde, ~~und~~ erhob sich vom Throne und umarmte mit Freudenthränen seinen Sohn und krönte ihn selber zum König.

Der Sohn aber, der nunmehr zum König geworden war, erwies sich seinem Vater dankbar und hielt ihn in hohen Ehren bis zu seinem Ende.

Meine Seele, Zarathustra, ich wusste nicht, dass Du auch eine Märchenerzählerin bist. Aber nun sage mir, wie habe ich Deine Märchen zu deuten?

„Deute nicht zuviel, sondern fühle dich durch. Denke, Du seiest der alte König und dem Werk leidend Sohn. So hast Du Dich zu deinem Werk verhalten und so sollst Du dich dazuverhalten."

Das kann ich, glaube ich, verstehen; aber was ist mit der Zauberin?

„Die Zauberin ist ein mütterliches Weib, dem Du Sohn sein solltest, denn Du bist ein in Dir selber sich erneuerndes Kind."

Wehe, ist soll es mir unmöglich sein, je Mann zu sein?

„Mannsbild hast Du genug, darüber

hinaus nach Kindheit in Fülle, für die du der Mutter bedurftest."

Ich schäme mich, ein Kind zu sein.

"Dadurch tötest du deinen Sohn. Ein Schaffender bedarf der Mutter, denn du bist kein Weib."

Diese Wahrheit ist furchtbar. Ich dachte und hoffte, durchaus Mann sein zu können.

"Das kannst du nicht, wenn du anders ein Schaffender sein willst. Schaffen heisst — Mutter und Kind."

Der Gedanke, ein Kind bleiben zu müssen, ist unerträglich.

"Wenn du blosser Mann bist, dann ist es mit dem Schaffen vorbei. Um deines Werkes willen hast du ein Kind zu sein, und ihnen die Krone zu lassen."

Der Gedanke, ein Kind bleiben zu müssen, ist demüthigend und vernichtend.

„Ein kindisches Gegengift gegen die Übersicht?" Sträube dich nicht gegen das Kindsein, sonst sträubst du dich gegen das Werk, das du doch vor Allem thun willst!"

Es ist wahr, ich will mein Werk erfüllen, aber der Preis, den ich dafür zu bezahlen habe, ich ist hoch.

„Höher steht noch das Werk. Du bist immer viel kleiner als dein Werk und immer viel schwächer als das Kind in dir. Das ist eine bittere Wahrheit, aber sie ist dir nicht zu ersparen, sei nicht trotzig, Kinder haben artig zu sein."

Dies Hohn ist qualvoll. Man wird

über mich lachen.

„Der Mann des Spottes — weinst du,
wie so hier?"

Ich weiss — aber es ist unsäglich
bitter.

„Ich habe Geduld mit dir, wenn
Andere keine haben. Du sollst tröstende
Worte von mir vernehmen, wenn sie
über dich spotten und dich beschimpfen
und verwunden. Schöpfeln an der
lautern Quelle des Lebens, die dir niemand trüben kann, Meine Brunnen
sollen dir rauschen und dir den Trank
der Erlösung spenden, wenn Dürre alles
Land austrocknet, und Alle zu dir
kommen werden, um das Wasser des
Lebens von dir zu betteln.

Aber unterwirf dich deinem Werk."

Wo, wo soll ich die Unermüdlichkeit erfassen? Mein Wissen und Können ist gering, meine Kraft reicht nicht.

„Lass dir an meiner Hilfe genügen. Frage nie nach dem Morgen, das Heute soll dir genug sein. Um die Mittel brauchst du dich nicht zu sorgen. Das Älterwerden, das Altersgrießen — ein Werk wächst aus sich selbst."

Ich unterwerfe mich.

28/II 12.

Ich habe mich unterworfen. Es war schwer — und das Leben gieng auf neuen Wegen weiter.

Meine Seele, willst Du etwas?

„Ich will nichts. Wir sind müde von all den schweren Kämpfen. Wir be-

Äußeren der Ruhe.
       Lege Alles von Dir.

9. III. 14.
       Ich bin etwas versandet, wie es scheint. Mein Kopf war heute merkwürdig dumpf. Heißt des, daß ich zurückkommen soll zu Dir, mein Buch?
       Meine Seele, rede und laß mich hören von dem, was in der Tiefe vorgeht. Gib mir Kunde von den Dingen, die sich vorbereiten. Mir ist es, als hätte ich ein Chaos, tief in mir versteckt.
       "So ist es. Chaos ist das richtige Wort."
       Ich habe das Gefühl, als bedürfte ich der Erleuchterung. Kannst du mir nichts heraufholen, was du innere

Spannung löst? Ich weiss, ich bin noch
nicht bis zu meinem Werke gelangt. Aber
du kennst ja die Schwierigkeiten.

„Sei unverdrossen an der Arbeit."

Das bin ich, glaub ich eben. Denn Erneuerung
klingt unterschreierzieherisch. Bitte, mache
lieber keine Sprüche, sondern greife nach
Tieferem, reich mir Ernst.

„So höre denn: es giebt nichts
Dümmeres unter der Sonne als die Raben."

Wieso? Du bist, bei Gott, erstaunlich.

„Wundere dich nicht. Der Rabe
ist das Rabenvieh, von dem du neulich sprachest. Was sagte er, als du
am Baume hingest?"

Ich weiss es wahrhaftig nicht

mehr. Ich kann mich nun entsinnen
dass es etwas eher Doctrinär-Vernünftig
war.

„schlag's nach?"

Jakob's: er sprach von meinem
Begriff der Liebe. Er hatte, wie ich
nachträglich verstand, doch nicht so
Unrecht, respective er hatte ganz
Recht.

„Und doch irrt er drinnen."

Warum? Das versteh' ich nicht.

„Es ist dumm vom „Begriff der Liebe"
zu reden. Von der Liebe hat man keinen
Begriff."

Das ist ächt, ganz Dein Styl.
Aber bitte, drücke Sich deutlicher aus

„Du bist wahrhaftig gewachsen.
Du bist schon förmlich grob mit mir

„Jedoch – du wirst ja, du triffst dich selber. Also höre: Die Liebe begreifen wollen, ist überhaupt verfänglich und sehr übel Anfang. Die Liebe begreift man nicht, hat man nicht zu begreifen, man hat sie einfach – oder nicht."

„Du denkst dir die Liebe also als etwas gänzlich Irrationales?"

„Wenn du es durchaus philosophisch haben willst, so magst du es so nennen. Es ist also schlechthin vom Übel, die Liebe überhaupt begreifen zu wollen."

„Ich besinne mich und versuche zu finden, wo ich mich dieses Intellectualismus schuldig gemacht habe. – Ich wüsste wirklich nicht, wo."

„Bei deiner täglichen Arbeit. Du suchst ja immer nach Gründen, warum die Liebe giebt und warum die Liebe einpfängst. Das ist zu unterlassen."

Das klingt bedenklich. Soll man sich darüber keine Rechenschaft geben?

Das unter keinen Umständen. Du störst den Process, der dir und anderen lebenswichtig ist. Die Liebe ist das allerfeinste Erkenntnisorgan. Mit ihr nur liesest du deine und Anderer Seelen. Da ist nichts daran zu wollen. Es ist wird ich und vergeltend birgt in sich unendlichen Sinn.

Willst du mir alles Denken darüber verbieten? Wozu dann unsere Vernunft?

"Die Vernunft kommt nachher."

Sehr zu unserem Schaden natürlich. Auf die Proportion kann man sich wohl kaum einlassen.

"Es käme aufs Probieren an."

Mir scheint, ich hätte schon genügend experimentiert mit positivem und negativem Erfolg. Ich verstehe nicht, worauf du zielst.

„Ich auch nicht. Aber das ist zu sagen."

Ich lass dich nicht. Ich muss Alles wissen.

„Um Alles zu missbrauchen?"
Wie kommst du auf diesen Verdacht?

„Nun — um dich zu schützen."

Man kann doch nicht gegen vernünftige Einsicht handeln, namentlich wenn man nichts Besseres weiss.

„Dieser Grund ist gut, jedoch trifft er nicht ganz, was ich meine."

Wer meint denn Anderes; du bist wieder

irritierend.

„Nichtwahr? Du kennst wohl
deinen Styl? Glaubst du, Andern sei
das angenehm, wenn du so sprichst?"

Du hast Recht. Das ist ein Punkt
den ich mir merken muss. Aber in diesem
Fall verstehe ich entschieden nichts.

„Hör'; Es war einmal ein Gärtner,
der säete Blumensamen aus. Aber
da kamen Vögel, welche die Samen
frassen. Darauf stellte der Gärtner Fallen
und Leimruthen. Als er andern Tags
in den Garten kam — was hatte er ge-
fangen? Einen Gimpel."

Meinst du mich?

„Wen denn sonst?"

Ich kann nur Geduld mit dir haben.
Wenn du mich mit einem Gimpel ver-

gleicht, denn unser ich wohl anneh-
men, dass das irgendeinen Sinn hat.
Aber dieser Sinn ist mir ganz dunkel.
Willst du mich nicht darüber belehren?"

„Ich danke dir, du wirst höflich.
Du reagierst offenbar besser auf eine
etwas kräftigere Sprache.

Der Simpel ist auf den Leim gegangen, nicht weil er sonderbares
gesprochen hat, sondern weil es zu
seinem Wesen gehört, auf jeden Leim
zu gehen."

„Meinst du, ich respective meine
Liebe sei auf einen Leim gegangen oder
habe auf den Leim zu gehen?"

„Beides ist gemeint. Die Liebe
Liebe geht immer auf den Leim."

„Das widerspricht aber doch der Erfahrung. Ich kann das nicht annehm[en]

"Du brauchst es ja nicht unbedi[ngt]
anzunehmen. Wahrheiten sind nicht
krampfhaft abzulehnen."

Du sagst Dinge, die ich mir schon
längst klar gemacht habe. Ich weiss, dass
meine Liebe auf dem Leim geht, und lies
weiter gehe ich mit, wissend, dass ich
reichlich Fehl gerathen kann. und Abe[r]
ich kann und mag das Leben nicht still
stellen. Übrigens — was ist mit dir? D[u]
sprichst immer um etwas herum. Was
willst du eigentlich?

"Ich bin ja dein Spiegel. Wie man
in den Wald schreit, so tönt's zurück."

Dann bin ich ja verzweifelt allei[n]
selbst mit dir, meine Seele. Ich dach[te]
an ein Zuzweitsein z mit dir; es schein[t]

aber, ich bin allein mit dir.

„Das bist du, liebst du den Werth der Liebe? Der Leim erscheint dem Gimpel begehrenswerther als das Alleinsein mit sich selber. Lerne die dumme Weisheit dieser Vögel."

Du bringst mich zur Verzweiflung. Habe ich euch nicht genug lieb?

„Nein, du nimmst zu wenig!"

Wie kann ich?

„Lass dich lieben, denke nicht das Zurückgehen."

Das scheint mir unmoralisch.

„Vergiss nicht, dass du den Menschen eben einen Gefallen erweisst, wenn Du sie lieb haben lässt."

Du wolltest daher dafür bezahlt

sein."

„Das gilt nur für deine Liebe.
Die Andern haben überhaupt noch die
Liebe zu lernen. Lehrlinge bezahlt man
nicht voll."

Das ist eine grausame Lehre.

„Sie fordert nur die Opferung deiner
verletzten männlichen Natur. Du
hast die Lebensucht Anderer zu sparen.
Dadurch werden sie genügsam."

Thue ich dem nicht zu Genüge?

„Noch lange nicht. Du dienst zu
viel. Du sollst fordern."

Aber wie sollmein praktisches Verhalten sein?

„Sei anspruchsvoll und mach
dich rar."

Das heisst also — grösste Zurück-
haltung meinerseits?

a Allergrößte. Allererlaube des
Herankommen."

Das positur schlecht; aber
durch gehorchen.

Livro 4

14 de janeiro – 9 de março de 1914

~~III~~ IV

*La somma sapienza è il
primo amore.*[1]

[ii/I]

14. I. 14 Continuação (de ~~H~~ III)[2]

Eu também acho surpreendente que eu tenha pedido justamente Tomás de Kempis.

Eu: "Estás surpreso por eu ter pedido justamente Tomás de Kempis?"

B.: "Bem, sim, raramente pedem este livro, e eu não teria esperado encontrar este interesse em ti".

Eu: Devo admitir que eu também estou um pouco surpreso com essa ideia. Recentemente, porém, li uma passagem sucinta em Tomás de Kempis, que causou uma impressão especial em mim; na verdade, nem consigo dizer exatamente por quê. Foi ~~especialmente~~ sobretudo o problema da imitação de Cristo.

B.: Tens interesses teológicos ou históricos[3] especiais ou –

---

1 Uma inscrição na letra de Toni Wolff. "LA SOMMA SAPIENZA È IL PRIMO AMORE" (a sabedoria mais sublime e o primeiro amor) é a sexta linha do terceiro canto do *Inferno*, de Dante, a inscrição sobre o portão do inferno. A inscrição completa diz: "ATRAVÉS DE MIM O CAMINHO PARA A CIDADE EM LUTO,/ATRAVÉS DE MIM O CAMINHO PARA A TRISTEZA ETERNA, ATRAVÉS/DE MIM O CAMINHO ENTRE AS PESSOAS PERDIDAS./JUSTIÇA MOVEU MEU ALTO CRIADOR; PODER DIVINO ME FEZ,/SABEDORIA MAIS SUBLIME E PRIMEIRO AMOR./ANTES DE MIM NADA FOI CRIADO/EXCETO OS ETERNOS, E EU SUPORTO O ETERNO./ABANDONAI TODA ESPERANÇA, VÓS QUE ENTRAIS" (*Inferno*, org. e trad. Robert Durling [Nova York: Oxford University Press, 1996], p. 55).
2 A correção da numeração apresenta outra caligrafia (possivelmente a de Franz Jung) e foi feita posteriormente.
3 Substituído no *LN* por "filosóficos" (p. 239).

Eu: Queres dizer – ou se quero lê-lo por devoção?

B.: sorrindo: Bem, dificilmente. [1/2]

Eu: Quando leio Tomás de Kempis, eu o faço mais por devoção ou algo semelhante do que por interesses científicos.

B.: És tão religioso assim – eu não sabia disso (sorrindo com um ar de desdém).[4]

Eu: Sabes que prezo sumamente a ciência, mas existem de fato momentos na vida em que também a ciência nos deixa vazios e doentes. Em tais momentos, um livro como o de Tomás de Kempis significa muito para mim, pois foi escrito a partir da alma ~~da~~.

B.: Mas um tanto antiquado. Hoje em dia, não podemos mais nos envolver na teologia dogmática cristã.

Eu: Não chegamos ao fim com o cristianismo se simplesmente o deixarmos de lado. Parece-me que há mais nele [2/3] do que vemos.

B.: E o que haveria nele?

Eu: Por que razões e, também, em que idade costumamos deixá-lo de lado? Normalmente, nos dias de estudo ou um pouco antes~~?~~. Chamarias isso um tempo especialmente discriminador? E alguma vez examinaste mais a fundo as razões pelas quais descartamos a religião positiva? Na maioria das vezes, as razões são incrivelmente duvidosas, por exemplo, porque o conteúdo da fé se choca com a ciência natural ou a história.

B.: Na minha opinião, isto não é necessariamente uma razão contrária desprezível, apesar de existirem razões melhores. Considero, por exemplo, um prejuízo a falta de senso de realidade nas religiões positivas. Além disso, criaram-se substitutos em abundância [3/4] para a perda de oportunidade de devoção causada pelo desmoronamento da religião. Nietzsche, por exemplo, escreveu um devocionário mais do que verdadeiro.[5]

Eu: Em certo sentido, isto é correto. Mas, ~~especialmente~~ sobretudo a verdade de Nietzsche é inquieta e provocativa demais para mim – boa para aqueles que ainda precisam ser libertos. ~~Por isso~~ Mas por isso sua verdade também só é boa para tais pessoas. Como acredito ter descoberto recentemente, precisamos também de uma verdade para aqueles que precisam de restrição. Para tais, uma verdade que diminui e interioriza o ser humano pode ser mais necessária.

B.: Perdoa-me, Nietzsche interioriza o ser humano de modo extraordinário.

---

4 A última cláusula não foi reproduzida no *LN*.
5 *I. e.*, *Assim falava Zaratustra*.

Eu: Talvez, a partir do teu ponto de vista, estejas [4/5] certo, mas não consigo me livrar da impressão de que Nietzsche fala ~~aos que~~ àqueles que precisam de mais liberdade, mas não àqueles que se colidiram fortemente com a vida, que sangram de feridas causadas pelas coisas da realidade.

B.: Mas também a essas pessoas Nietzsche dá um sentimento valioso de superioridade.

Eu: Não tenho como julgar isso. Mas conheço pessoas que precisam não de superioridade, mas de inferioridade.

B.: Tu te expressas de forma muito paradoxal. Não te entendo. A inferioridade dificilmente pode ser um desideratum.

Eu: Talvez me entendas se, no lugar de inferioridade, eu disser "submissão", [5/6] uma palavra que se ouvia muito no passado, recentemente, porém, apenas em ocasiões muito raras.

B.: Isso também soa muito cristão.

Eu: Como já disse, o cristianismo possui muito que, talvez, deveríamos tomar para nós. Nietzsche é excessivamente contradição. A verdade, como tudo que é saudável e duradouro, se atém infelizmente mais ao caminho intermediário, que abominamos injustamente.

B.: Eu realmente não sabia que defendes uma posição conciliadora.

Eu: Minha posição não é totalmente clara para mim. Se eu concilio, eu o faço de modo muito peculiar.

Neste momento, o atendente traz o livro – e eu me despeço do bibliotecário.[6]

17. I. 14[7]

Estou na antessala e olho para a porta à esquerda. Coloquei meu [6/7] pequeno livro no bolso.

Vou até a porta à esquerda, ela também está aberta – uma grande cozinha antiquada, muito limpa e arrumada – sobre o fogão, um enorme exaustor. Duas mesas longas ocupam o centro do espaço, ao lado delas, bancos. Nas paredes, sobre estantes, panelas e vasilhas brilhantes de latão e cobre.

Ao fogão está uma pessoa grande e corpulenta – aparentemente a cozinheira – com um grande avental quadriculado. Eu a cumprimento um pouco embaraçado – ela também parece estar constrangida.

---

6 Para o comentário de Jung sobre este registro, cf. *LN*, p. 293-295.
7 Quinta-feira, *Líber Secundus*, cap. 15, "Nox secunda" (*LN*, p. 295ss.).

Eu: "Poderia sentar-me um pouco aqui dentro? Lá fora está frio, e preciso esperar por algo?." [7/8]

C.: Por favor, senta-te.

Ela limpa a mesa à minha frente com um pano. Sem nada mais a fazer, ~~tiro~~ pego o meu Tomás de Kempis e começo a ler. Evidentemente, a cozinheira é curiosa e me observa furtivamente. De vez em quando, ela passa perto de mim.

C.: Permite-me, senhor, és por acaso um clérigo?

Eu: Não, por que pensas isso?

C.: Ah, eu só fiquei pensando porque estás lendo um pequeno livro preto. Eu também tenho um desses, ganhei da minha mãe falecida.

Eu: Ah é, e que livro é este?

C.: Chama-se *A imitação de Cristo*. É um livro tão bonito. Rezo com ele frequentemente à noite.

Eu: Adivinhaste bem. Também é a *Imitação de Cristo* o livro que [8/9] estou lendo aqui.

C.: (sorrindo)[8] Eu não acredito – um cavalheiro não leria um livrinho deste tipo – já que o senhor não é pastor.

Eu: Por que eu não o leria? Também me faz bem ler algo correto.

C.: Minha mãe – que Deus a tenha – o tinha consigo ainda no leito da morte e, pouco antes de morrer, o colocou em minha mão.

Enquanto ela fala, eu folheio o livro sem pensar: meus olhos recaem sobre a seguinte passagem no capítulo 19:

"O propósito dos justos mais se firma na graça de Deus, na qual confiam em tudo que empreendem, do que em sua própria sabedoria".[9]

Bem, Henri Bergson,[10] penso, aí está – este ~~não é menos~~ é o método intuitivo genuíno e correto. [9/10]

---

8 Esta expressão não foi reproduzida no *LN*.
9 "O propósito dos justos mais se firma na graça de Deus, que em sua própria sabedoria; nela confiam sempre, em qualquer empreendimento. Porque o homem propõe, mas Deus dispõe, e não está na mão do homem o seu caminho" (*A imitação de Cristo*, livro I, cap. 19, p. 61).
10 A referência a Bergson não foi reproduzida no *LN*. Em 20 de março de 1914, Adolf Keller fez uma palestra sobre "Bergson e a teoria da libido" na Sociedade Psicanalítica em Zurique. Na discussão, Jung disse que "Bergson deveria ter sido discutido aqui há muito tempo. B. diz tudo que nós não dissemos" (MZS, vol. I, p. 57). Em 24 de julho de 1914, Jung apresentou uma palestra em Londres em que ele observou que seu "método construtivo" correspondia ao "método intuitivo" de Bergson ("On Psychological Understanding", *Collected Papers on Analytical Psychology*, p. 399). A obra que Jung leu era *L'évolution créatrice* (Paris: Alcan, 1907). Ele possuía a tradução para o alemão de 1912.

Eu (voltado para a cozinheira): A tua mãe era uma mulher inteligente, ela fez bem em deixar-te este livro.

C.: Sim, certamente – ele já me consolou muitas vezes em horas difíceis (ela enxuga seus olhos),[11] e ele sempre oferece algum conselho.

Acredito que poderíamos também ir atrás do nosso próprio nariz, isto também seria um método intuitivo. Mas creio que a maneira bela em que o cristão o faz deve ter um valor especial.[12]

Sou tomado por uma inquietude interior. O que haverá de acontecer?

Ouço um rumor e zumbido estranhos – e, de repente, um rugido invade a cozinha como que de um bando de aves grandes com furioso bater de asas – vejo, como sombras, muitas figuras humanas [10/11] passando às pressas e ouço uma confusão de múltiplas vozes distantes e próximas dizendo: "Adoremos no templo".

"Para onde correis?" exclamo eu – um homem barbudo com cabelos brancos e olhos sombrios brilhantes para e se volta para mim:

"Estamos indo a Jerusalém para rezar no mais sagrado dos túmulos".

Eu: "Levai-me convosco".

F.:[13] Não podes vir conosco, tens um corpo. Nós estamos mortos.

Eu: Quem és?

F.: Meu nome é Ezequiel e sou anabatista.[14] Morri há mais de 300 anos.[15]

Eu: Quem são aqueles com que viajas?

F.: São meus irmãos na fé.

---

11 A cláusula precedente não foi reproduzida no *LN*.
12 "Eu gostaria de imitar o cristão" foi acrescentado aqui no *LN* (p. 334).
13 Abreviação para "Fantasma".
14 O Ezequiel bíblico foi um profeta no século VI a.C. Jung reconhecia um grande significado histórico em suas visões, que incorporavam uma mandala com quaternidades como representação da humanização e da diferenciação de Javé. Mesmo que as visões de Ezequiel sejam frequentemente vistas como patológicas, Jung defendeu sua normalidade, argumentando que visões são fenômenos naturais que deveriam ser designados como patológicos apenas após a demonstração de seus aspectos mórbidos (Resposta a Jó, OC 11/4, § 665, 667, 686). O movimento anabatista foi um movimento radical da Reforma protestante do século XVI, que tentou restaurar o espírito da igreja primitiva. O movimento se originou em Zurique, na década de 1520, e seus seguidores se rebelaram contra a relutância de Zuínglio e Lutero diante do desafio de reformar completamente a igreja. Eles rejeitavam a prática do batismo infantil e promoviam o batismo adulto (o primeiro ocorreu em Zollikon, perto de Küsnacht, onde Jung vivia). Os anabatistas ressaltavam o caráter imediato da relação humana com Deus e criticavam instituições religiosas. O movimento foi violentamente reprimido, e milhares foram mortos. Cf. LIECHTY, D. (org). Early Anabaptist Spirituality: Selected Writings. Nova York: Paulist, 1994.
15 A oração precedente não foi reproduzida no *LN*.

Eu: Por que viajais? [11/12]

✝ E: Não podemos parar, devemos peregrinar a todos os lugares sagrados.

Eu: O que vos obriga a isso?

✝ E.: Eu mesmo não sei dizer. Mas parece que ainda não encontramos a paz, apesar de termos morrido na fé verdadeira.

Eu: Por que não tendes paz, se morrestes na fé verdadeira?

E.: Parece-me sempre como se não tivéssemos chegado ao fim da vida.

Eu: Estranho – e por que isso?

E.: Parece-me como se tivéssemos esquecido algo importante, algo que também deveria ter sido vivido.

Eu: E o que teria sido isso?

E.: Tu sabes? (Ele estende a mão com um gesto ganancioso e assustador na minha direção, seus olhos brilham como que de um ardor interior.)

Eu: Solta, demônio [12/13] não viveste teu animal![16]

A cozinheira está diante de mim com um rosto apavorado, ela me toma pelos braços e me segura.

C.: "Pelo amor de Deus, pelo amor de Deus, socorro – o que está acontecendo contigo? Estás passando mal?"

Admirado, eu a olho e me lembro de onde estou na verdade. Mas logo pessoas estranhas invadem a cozinha, aí está também o senhor bibliotecário, infinitamente surpreso – então ele sorri maliciosamente:

"Ah, foi exatamente o que pensei – rápido, a polícia!"

Antes de conseguir me recompor, eu sou empurrado por toda uma [13/14] multidão de pessoas para dentro de um carro. Ainda estou me agarrando ao meu Tomás e penso: o que ele teria a dizer sobre esta nova situação? Eu o abro e meu olhar cai no 13º capítulo, que diz:

"Enquanto vivermos aqui na terra, não podemos escapar das tentações?.

Nenhum homem é tão perfeito e nenhum santo é tão santo que não possa ser tentado de vez em quando. Sim, nem podemos existir sem tentações."[17]

---

[16] Em 1918, Jung argumentou que o cristianismo tinha suprimido o elemento animal ("Sobre o inconsciente", OC 10/3, § 31). Ele desdobrou esse tema em seus seminários de 1923, em Polzeath, Cornwall. Em 1939, ele argumentou que o "pecado psicológico" cometido por Cristo foi que ele "não viveu seu lado animal" (HANNAH, B. (org.). Modern Psychology. Vols. 3 e 4: Notes on Lectures Given at the Eidgenössische Technische Hochschule, Zürich, by Prof. Dr. C.G. Jung, October 1938-July 1940. 2. ed. Zurique, impressão particular, 1959, p. 230).

[17] O capítulo 13, do livro I da *Imitação de Cristo*, começa assim: "Enquanto vivemos neste mundo, não podemos estar sem trabalhos e tentações. Por isso lemos no Livro de Jó (7,1): *É um combate a vida do*

Sábio Tomás, sempre encontras uma resposta adequada! O maluco do anabatista não percebeu isso, caso contrário poderia ter encontrado um fim em paz. Rerum omnium satietas vitae facit satietatem – satietas vitae tempus maturum mortis affert [saciedade de todas as coisas causa saciedade de vida – a saciedade da vida traz o tempo maduro da morte], diz Cícero.[18] [14/15]

Agora posso olhar em volta. Aparentemente, este conhecimento me fez entrar em conflito com a sociedade. Um policial está sentado à direita; e um policial está sentado à esquerda.

"Agora", digo eu, "poderíeis soltar-me".

"Já conhecemos isso", diz um deles com um sorriso. "Só fica bem quieto agora".

Então, obviamente estamos a caminho do manicômio. É um preço alto a se pagar, mas parece que este caminho também deve ser trilhado. Este caminho não é tão incomum, pois muitos dos nossos companheiros o percorrem. Existem muitos manicômios, portanto, existem também muitos loucos.[19]

Chegamos – um portão grande – um saguão – uma sala de espera – um zelador amigável – e agora também dois médicos. Um deles [15/16] é um professor baixo e gordo.

Pr.: "Que livro é este que tens aí?"

Eu: É o Tomás de Kempis: *A imitação de Cristo*.

---

homem sobre a terra. Cada qual, pois, deve estar acautelado contra as tentações, mediante a vigilância e a oração, para não dar azo às ilusões do demônio, que nunca dorme, mas *anda por toda parte em busca de quem possa devorar* (1Pd 5,8). Ninguém há tão perfeito e santo, que não tenha, às vezes, tentações, e não podemos ser delas totalmente isentos" (p. 46). O livro ressalta então os benefícios da tentação como sendo os meios através dos quais o homem é "humilhado, purificado e instruído".

18 A citação é de *Cato Maior de Senectute* [Catão o Velho, sobre a idade], de Cícero. O texto é um encômio à idade. As linhas que Jung cita foram grifadas na passagem seguinte: "*Omnino, ut mihi quidem videtur, rerum omnium satietas vitae facit satietatem. Sunt pueritiae studia certa; num igitur ea desiderant adulescentes? Sunt ineuntis adulescentiae: num ea constans iam requirit aetas quae media dicitur? Sunt etiam eius aetatis; ne ea quidem quaeruntur in senectute. Sunt extrema quaedam studia senectutis; ergo, ut superiorum aetatum studia occidunt, sic occidunt etiam senectutis; quod cum evenit,* satietas vitae tempus maturum mortis affert" (CÍCERO. *Cato Maior de Senectute*. Berlim: Weidmannsche Buchhandlung, 1873 [ed. Julius Sommerbrodt]). ("Sem dúvida alguma, pelo menos como me parece, saciedade de todas as coisas causa saciedade de vida. A infância tem certas ambições: a adolescência as anseia? A adolescência tem suas ambições: a fase madura ou a fase chamada intermediária da vida precisa delas? A maturidade também tem ambições nem mesmo buscadas na idade, e, finalmente, existem aquelas apropriadas para a idade. Portanto, na medida em que os prazeres e as ambições dos períodos anteriores da vida se despedem, assim fazem também os da idade; e quando isso acontece, o homem está saciado de vida, e o tempo está maduro para a morte" (CÍCERO. *De Senectute, De Amicitia, De Divinatione*. Londres: William Heinemann, 1927, p. 86-87, [trad. mod.])

19 A oração precedente não foi reproduzida no *LN*.

O prof. ao assistente: Portanto, uma forma de loucura religiosa – claramente – uma forma paranoide de dementia praecox.[20]

Voltado para mim: Como vês, hoje em dia, a "Imitação de Cristo" te leva ao manicômio.

Eu: Dificilmente poderia duvidar disso, senhor professor.

O prof. ao assistente: O homem tem humor – obviamente, um pouco de excitação maníaca.

Voltado para mim: Ouves vozes?

Eu: E como – hoje foi todo um bando de anabatistas que esvoaçou pela cozinha.

O prof. ao assistente: Bem, aí está.

Voltado para mim: És perseguido pelas vozes? [16/17]

Eu: Ah, não. Deus me livre, sou eu que as procuro.

Prof.: Ah, este é mais um caso que demonstra claramente que os ~~pacientes~~ alucinantes evocam as vozes diretamente. Isto precisa ser incluído na anamnese. Por favor, anota isto imediatamente.

Eu: Senhor professor, permita-me a observação: isto não é doentio: é o método intuitivo.

Prof., rindo: Excelente. O homem também apresenta neologismos. Bem, o diagnóstico deve estar suficientemente claro. ~~são.~~ Então, desejo melhoras, e permanece bem quieto.

Eu: Mas, senhor professor, eu não estou doente, eu me sinto perfeitamente bem.

Prof.: Meu querido, ainda não tens nenhuma percepção de tua doença. [17/18]

Voltado para o assistente: O prognóstico é, naturalmente, ruim, no melhor dos casos, uma cura deficiente.

Zelador: Senhor professor, o homem pode ficar com o livro?

Pr: Claro, que fique com ele.[21]

Segue o inventário de minhas roupas, depois o banho – e agora a ala. Na sala de observação, sou colocado na cama. Meu vizinho de cama à esquerda é um estupor catatônico, à direita, uma fase terminal de ~~para~~ paralisia progres-

---

[20] No *LN*, isso foi substituído por "paranoia religiosa" (p. 299).
[21] No *LN*, essa linha foi substituída por: "Certamente, parece um livro inofensivo de piedade" (p. 300).

siva, os restantes parecem ser pacientes senis e melancólicos. Comigo, somos umas dez pessoas.[22] Gozo de silêncio perfeito – com algum assombro.

O problema da loucura é profundo – a loucura divina – uma forma elevada da irracionalidade da vida que flui de dentro de nós – em todo caso, loucura, que não pode ser [18/19] integrada na sociedade atual – mas e se a forma de sociedade cedesse à loucura.

A esta altura, as coisas ficam escuras, e não há fim à vista.[23]

18 I 14.[24]

Aqui, todos os fios e tudo que é chamado de linha se perdem – como condiz a um manicômio.

Aqui, minh'alma, há espaço para ti. Aqui ousas falar.[25]

———

[26]"Palavras, palavras, falas demais!"

Cala-te e escuta:[27]

Reconheceste tua loucura, e tu a admites?

Viste que abrigas a loucura?[28]

Viste que todas as profundezas [19/20] estão cheias de loucura?

Não queres reconhecer tua loucura e saudá-la amigavelmente?

Querias aceitar tudo que encontrasses dentro de ti. Portanto, aceita também a loucura.

Faze resplandecer a luz da tua loucura, e uma grande luz te iluminará. A loucura não deve ser desprezada e não deve ser temida, antes deves dar-lhe a vida."

Duras, ó minh'alma, são as tuas palavras e onerosa é a tarefa que me dás.

"Se quiseres encontrar caminhos, não deves desdenhar a loucura, pois ela constitui uma parte tão grande e importante de tua natureza".

Eu não sabia que era ~~verdade~~ assim. [20/21]

---

22 No *LN*, a oração precedente foi substituída por: "Meu vizinho de cama à esquerda está deitado imóvel, com o rosto petrificado, o da direita parece ter um cérebro que diminui de volume e peso".
23 Para o comentário de Jung sobre este registro, cf. *LN*, p. 300-308.
24 Domingo, *Líber Secundus*, cap. 16, "Nox tertia" (*LN*, p. 308ss.).
25 Os dois parágrafos precedentes não foram reproduzidos no *LN*.
26 "Minha alma sussurrou-me insistente e medrosamente" foi acrescentado no *LN* (p. 347).
27 A linha precedente não foi reproduzida no *LN*.
28 Esta linha não foi reproduzida no *LN*.

"Sê feliz por poder reconhecê-lo. Assim evitas tornar-te sua vítima. A loucura é uma forma especial do intelecto e adere a todas as filosofias, sistemas doutrinais e teorias, ainda mais, porém, à vida cotidiana, pois a própria vida está cheia de insanidade – como tu a chamas – e é essencialmente irracional. Apenas o homem busca a razão, para que ele possa criar regras para si mesmo. A vida em si não possui regras. Este é o seu segredo. Aquilo que chamas conhecimento é a tentativa de impor à vida qualquer coisa compreensível".

Tudo isso soa muito desconsolador, mas provoca a minha objeção.

"Nada tens a objetar, estás no manicômio".

E lá está o baixo e gordo senhor professor. [21/22]

Prof.: "Sim, meu caro, estás totalmente confuso. Tua fala é totalmente incoerente".

Eu: Também acredito que me perdi completamente. Estou realmente louco? Tudo está terrivelmente emaranhado e confuso.[29]

Prof.: Paciência, as coisas se resolverão. Então, dorme bem.

Eu: Obrigado, mas tenho medo.

Ele se afasta.

Tudo se agita e se precipita dentro de mim em completa desordem. A coisa está ficando séria. O caos está vindo. É este o fundo mais baixo?[30] Ou será que o caos também é um alicerce? [22/23] Ah, se não fossem estas ondas terríveis! Tudo se quebra e se mistura como ondas negras e espumantes. Sim, este é o oceano, a maré noturna onipotente.

Lá vai um navio – um grande navio a vapor – acabo de entrar no salão para fumantes – muitas pessoas em roupas elegantes, elas fumam, jogam cartas – agora, todos se voltam surpresos para mim – alguém se aproxima de mim –

"O que houve contigo, pareces um fantasma! O que aconteceu?

Nada – mas acho que enlouqueci – o chão balança.

"Hoje à noite estamos apenas tendo um mar agitado. Toma um coquetel.[31] Estás mareado". [23/24]

Estás correto, estou enjoado – mas de maneira especial. Pois, na verdade, estou no manicômio.

"Ah, a vida está retornando, já estás fazendo piadas".

---

29 As duas últimas palavras não foram reproduzidas no *LN*.
30 A linha precedente não foi reproduzida no *LN*.
31 No *LN*, isso foi mudado para "grogue quente" (p. 309).

Chamas isto uma piada? O professor acaba de me declarar completamente louco.

"Lá está ele jogando whist".[32]

E, realmente, o pequeno e gordo professor está sentado a uma mesa verde jogando cartas com alguns senhores. Ele se vira e ri para mim:

"Olha só, onde estiveste? Vem aqui, aceitas um Manhattan[33]? Que figura incrível. Causaste um alvoroço e tanto com suas ideias entre as damas hoje".

Eu: Senhor professor, isso não é piada. [24/25] Instantes atrás eu ainda era teu paciente.

Risada generalizada.

Prof.: Espero que não tenhas levado isso pelo lado trágico.

Eu: Bem, não é uma ninharia qualquer ser enfiado no manicômio.

A pessoa de antes, um homem de barba preta, cabelos desgrenhados e olhos escuros brilhantes:

"Algo pior aconteceu comigo. Já estou aqui há cinco anos".

Percebo que ele é meu vizinho de cama, que, aparentemente, despertou de seu estupor e agora se sentou na minha cama. Estou realmente no manicômio.[34]

"Eu sou Nietzsche, mas rebatizado, sou também Cristo, o salvador, designado para redimir o mundo [25/26], mas eles não permitem".

Eu: Quem não permite?

R.[35]: O diabo. Pois estamos aqui no inferno. Evidentemente, não percebeste nada disso. Eu também só descobri isso no segundo ano de minha estadia aqui. O diretor é o diabo.

Eu: Isso soa inacreditável.

R.: És um ignorante. Pois eu deveria me casar com Maria, a Mãe de Deus.[36] Mas o professor, *i. e.*, o diabo, a tem em seu poder. Toda noite, ao pôr do sol, ele gera com ela uma criança. De manhã, ao nascer do sol, ela a dá à luz. Então se reúnem todos os diabos, e a criança é cruelmente morta. Ouço claramente os seus gritos.

---

32 A linha precedente não foi reproduzida no *LN*.
33 No *LN*, isso foi substituído por "um copo" (p. 309). Um Manhattan é um coquetel com uísque, vermute doce e ervas amargas.
34 A linha precedente não foi reproduzida no *LN*.
35 No *LN*, isso foi mudado para "o louco" (p. 310). "R" é, provavelmente, uma abreviação para "Redentor".
36 Em *O eu e o inconsciente* (1928), Jung se refere a um caso de um homem com demência paranoide que ele encontrou no Burghölzli, que mantinha contato telefônico com a Mãe de Deus (OC 7, § 228).

Eu: Ouve, isto é a mais pura mitologia [26/27], isto que contas.

R.: Estás louco, por isso não entendes nada disso. Teu lugar é o manicômio. Meu Deus, por que minha família sempre me prende junto com loucos? (Chorando)[37] Eu sou o redentor.

Ele se deita em sua cama e parece cair novamente em seu estupor.

Eu me agarro às beiradas da minha cama, como que para me proteger contra as ondas incessantes. Fixo meu olhar na parede para prender-me com meus olhares. Ao longo da parede, há uma linha horizontal, ~~embaixo~~ abaixo dela a parede foi pintada de cor mais escura. No chão, um aquecedor – mas não posso ajudar – é um corrimão, atrás dele vejo o mar – a [27/28] linha é o horizonte – e lá nasce agora o sol em glória vermelha – solitário e majestoso – desmedidamente grande – nele, uma cruz – pendurada nela, uma serpente – não, um touro, cortado ~~x~~ como no açougue – ou é um jumento? Não, é um carneiro com a coroa de espinhos – é o próprio crucificado.[38]

O sol do martírio nasceu e derrama raios sangrentos sobre o mar.

Esse espetáculo sublime-repugnante continua por muito tempo – e o sol sobe mais – seus raios ficam mais claros e quentes, e um sol branco e ardente se ergue sobre um mar profundamente azul. As ondas pararam. Uma benfazeja manhã de verão [28/29] se deita sobre um mar cintilante. O vapor salgado de água se ergue – uma cansada e extensa onda se quebra com uma trovejada abafada na areia quente e ~~de novo~~ retorna incessantemente – doze vezes – como as batidas do relógio do mundo.[39] E agora se faz silêncio – nenhum barulho – nenhuma brisa. Tudo está estarrecido e calado como a morte.

O mar é um espelho do branco sol brilhante –[40]

Eu espero intimamente ansioso.

Vejo uma palmeira, uma árvore enorme emerge do mar, sua copa alcança o céu e suas raízes se estendem até o interior da terra.[41]

Milhões de aves esvoaçam ao redor de seus galhos.[42] [29/30]

---

37 Isso foi substituído no *LN* por "Eu deveria salvar o mundo" (p. 310).
38 No *LN*, "o próprio crucificado" foi substituído por "é o Crucifixus, eu mesmo" (ibid.).
39 "– a décima segunda hora se completou" foi acrescentado no LN (LN, p. 311). Em Psicologia e religião, Jung comentou sobre o simbolismo do relógio do mundo (OC 11/1, § 110ss.).
40 A linha precedente não foi reproduzida no *LN*.
41 No *LN*, "o interior da terra" foi substituído por "inferno" (p. 311).
42 A linha precedente não foi reproduzida no *LN*.

Estou totalmente sozinho e atarantado e olho de longe. É como se toda vida tivesse fugido de mim, totalmente entregue ao inconcebível e ao espantoso. Estou completamente fraco e incapacitado.

"Salvação", sussurro.

[43]"Aqui não há salvação,[44] mas deves ficar calmo para não perturbar os outros. É noite, e os outros querem dormir".

Vejo que é o zelador. A sala é fracamente iluminada por uma pequena lanterna, e uma tristeza insuportável pesa sobre esta sala.

"Não encontrei o caminho".

Z.: "Não precisas procurar caminhos agora".

Ele diz a verdade: não é preciso procurar um caminho. O caminho, ou seja lá o que [30/31] for sobre o qual se anda, é o nosso caminho, o caminho certo. Não existem caminhos já trilhados para o futuro. Dizemos que este é o caminho, e ele o é. Construímos as estradas caminhando. Nossa vida é a verdade que buscamos. Minha vida é o caminho para aqueles que virão depois de mim.[45] Apenas a minha vida é a minha verdade, a verdade em si. Nós criamos a verdade a primeiro vivendo ela. Apenas posteriormente a vida se transforma em verdade. Não encontramos a verdade primeiro para então vivê-la, é ao contrário.[46]

19. I. 14.[47]

Estou esgotado. Não consigo mais. Eu não faço. Algo faz por mim. Aguardo.[48]

[49]"A porta deve ser tirada dos gonzos para criar uma passagem livre entre aqui e lá – [31/32] entre sim e não, entre o alto e o baixo, entre esquerda e direita.

Corredores arejados devem ser construídos entre todas as coisas opostas; estradas suaves e planas devem levar de um polo a outro.

---

43 "Uma voz estranha fala" foi acrescentado no *LN* (p. 351).
44 Na *Commedía*, de Dante, as seguintes linhas estão inscritas sobre os portões do inferno: "Deixai, ó vós que entrais, toda a esperança!" (canto 3, linha 9).
45 A oração precedente não foi reproduzida no *LN*.
46 As duas orações precedentes não foram reproduzidas no *LN*. Para o comentário de Jung sobre esse registro, cf. *LN*, p. 312-319.
47 Segunda-feira. *Líber Secundus*, cap. 17, "Nox quarta" (*LN*, p. 320ss.).
48 No *LN*, a oração precedente foi substituída por: "Ouço o zunido do vento da manhã, que desce pelas montanhas. A noite foi superada, uma vez que toda a minha vida foi sacrificada e sufocada no eterno confuso e pendia entre os polos de fogo" (p. 320).
49 No *LN*, isso é dito pela alma.

Deve ser estabelecida uma balança, cujo fiel oscile levemente.
Deve arder uma chama que não seja apagada pelo vento.
Uma torrente deve correr para seu destino mais profundo.
Bandos de animais selvagens devem migrar para seus comedouros por suas trilhas antigas.
Uma flecha deve voar por seu percurso arcado.
Um pensamento deve se levantar como uma cotovia se levanta da semente.
[32/33]
E a vida?[50]
"A vida continue a seguir seu decurso do nascimento à morte e da morte ao nascimento – do sentido à loucura e da loucura ao sentido[51] – ininterruptamente como o trajeto do sol.
Tudo siga esse trajeto."

A indignação tocaia atrás da porta. Deixa que tocaie – se tu a esperares, ela vem. D
Deleita-te com a luz irrestrita e sê totalmente tu mesmo.

A fala dos confusos é como palha cortada – diz o professor – a fala dos saudáveis é, portanto, como palha não cortada – diz o lunático – ou seja, simplesmente mais longa.

[33/34] Náusea desolada pesa sobre mim. Inferno é uma boa palavra para este estado.[52]
Brinco negligente e cruelmente comigo mesmo – e se este for o caminho da vida?[53] Basta percorrê-lo.
É dia ou noite – estou dormindo ou acordado? Comi ou não comi?[54] Estou vivo ou já morri?
Escuridão cega me cerca.

---

50 As três linhas precedentes não foram reproduzidas no *LN*.
51 A cláusula precedente não foi reproduzida no *LN*.
52 Os quatro parágrafos precedentes não foram reproduzidos no *LN*.
53 A cláusula precedente e a oração seguinte não foram reproduzidas no *LN*.
54 A oração precedente não foi reproduzida no *LN*.

Um muro cinzento – um verme do crepúsculo se arrasta ao longo dele como um lagarto fortemente inchado.[55] Ele tem um rosto redondo e ri. O riso é abalador e verdadeiramente libertador. Abro os olhos. Aí está a cozinheira gorda [34/35] diante de mim:

"Que sono profundo. Dormiste por mais de uma hora!"

Eu: Será – eu dormi? Devo ter dormido – que espetáculo terrível! A Peguei no sono nesta cozinha – será que é o reino das mães?[56]

C: Toma um copo d'água, ainda estás muito tonto de sono.

Eu: Sim, este sono é capaz de deixar tonto. Onde está meu Tomás? Aí está ele, aberto no 21º capítulo:

"Ó minha alma, em tudo e acima de tudo descansa sempre no [35/36] Senhor; porque Ele é o eterno repouso de todos os santos".[57]

Leio a passagem em voz alta – acrescentando um ponto de interrogação de surpresa após cada palavra.[58]

C: Se pegaste no sono com esta oração, deves ter tido um sonho lindo.

Eu: Na verdade, sonhei, sim – refletirei sobre o sonho.

Falando nisso, podes me dizer para quem cozinhas?

C: Para o senhor bibliotecário. Ele ama uma boa cozinha, e estou com ele há muitos anos.

Eu: Oh, eu nem sabia que o bibliotecário possui uma cozinha desse tipo.

C: Deves saber que ele é um gastrônomo. [36/37]

Eu: Passar bem, senhora cozinheira, agradeço a hospitalidade.

C: De nada, de nada, a honra foi toda minha.

Agora estou do lado de fora. Esta então era a cozinha do senhor bibliotecário –! Será que ele sabe o que se cozinha nela? Ele nunca deve ter entrado lá para experimentar um sono do templo.[59] Sua alimentação é apenas burguesa.[60]

---

55 A cláusula anterior não foi reproduzida no *LN*.
56 No primeiro ato da segunda parte do Fausto, de Goethe, Fausto é obrigado a descer para a esfera das mães. Tem havido muita especulação referente ao significado desse termo em Goethe. Goethe disse a Johann Peter Eckermann que a fonte era Plutarco. Muito provavelmente, ele estava se referindo à discussão de Plutarco sobre as deusas mães em Engyon (cf. Faust. Nova York: W.W. Norton, 1976, p. 328-329). Jung se referiu a esse episódio em *Transformações e símbolos da libído* (CW B, § 206). Em 1958, ele identificou a esfera das mães com o inconsciente coletivo (Um mito moderno sobre coisas vistas no céu, OC 10/4, § 714).
57 *A imitação de Cristo*, cap. 21, p. 169.
58 A cláusula precedente não foi reproduzida no *LN*.
59 Jung está se referindo à prática grega da incubação de sonhos (cf. MEIER, C.A. *Healing Dream and Ritual*: Ancient Incubation and Modern Psychotherapy. Einsiedeln: Daimon, 1989).
60 A oração precedente não foi reproduzida no *LN*.

Acho que lhe devolverei o Tomás.

Entro na biblioteca. Tudo está igual a antes.

B: "Ah, boa noite, aí estás novamente".

Eu: Boa noite, senhor bibliotecário, vim devolver o Tomás. Sentei-me um pouco em tua cozinha ao lado [37/38] para ler – mas não imaginava que a cozinha é tua.

B: "Ah, por favor, isso não tem problema algum. Espero que minha cozinheira tenha te acolhido bem.

Eu: Não tenho do que me queixar, eu até tirei uma soneca em cima do Tomás.

B: Isto não me surpreende. Esses devocionários são terrivelmente enfadonhos.

Eu: Sim, para gente como nós. Mas para tua cozinheira o pequeno livro significa muita edificação.

B: Bem, sim, para a cozinheira.

Eu: Alguma vez tu já tiraste um sono de incubação na tua cozinha?

B (rindo): Não, essa ideia nunca passou pela minha cabeça.

Eu: Eu te digo, poderias [38/39] aprender algo sobre tua cozinha.

Adeus, senhor bibliotecário!

Vou até o corredor e abro a cortina verde. Do lado de fora, um lindo salão grande com colunas e uma vista de um jardim magnífico – o jardim encantado de Klingsor – lá estão duas figuras – Anfortas e Kundry – ou melhor – o que vejo? – é o senhor bibliotecário, e Kundry é a cozinheira. Ele está pálido e com estômago embrulhado, ela está decepcionada e irritada.

À esquerda está Klingsor e segura a caneta que estava presa atrás da orelha do senhor bibliotecário. Peça repulsiva. Klingsor tem os meus traços.[61] [39/40]

Mas vê, da direita entra Parsifal, e ele também ostenta os meus traços.[62]

Furioso, Klingsohr atira ~~xx~~ a sua caneta em Parsifal. Mas este a pega.

Muda a cena:

Um quarto simples, Parsifal, em roupas modernas, está sentado a uma escrivaninha e descreve os milagres de sua carreira de herói.[63]

E agora eu me ajoelho – começa o *supplicium* da Sexta-feira Santa:

---

[61] A oração precedente não foi reproduzida no *LN*.
[62] No *LN*, as duas últimas orações foram substituídas por: "Klingsor me parece tão familiar! Maldita peça! Mas observa, da direita vem Parsifal. Maravilhoso, também ele me parece familiar" (p. 322).
[63] A oração precedente não foi reproduzida no *LN*.

Entra Parsifal – com passos lentos. Um elmo preto cobre a cabeça, ele veste uma pele de leão[64] e calças pretas modernas e carrega uma clava.

Eu reluto e estendo as mãos alternadamente – "profanador do santuário" ressoa em meus ouvidos.[65] [40/41]

Parsifal tira o elmo – sou eu – travestido no herói.[66]

Nenhum Gurnemanz está presente para absolvê-lo e ungi-lo. Kundry, longe dali, cobre sua cabeça – e ri.[67]

Eu, porém, me dispo pacientemente de minha armadura[68] e vou até a fonte em camisola branca de penitência, lavo meus pés e minhas mãos e me batizo em meu nome, em nome daquele que sou.[69] Então tiro minha blusa de penitente e visto minhas roupas civis. Saio da cena e me aproximo de mim mesmo, que continuo ajoelhado e estarrecido no mesmo lugar. Eu levanto a mim mesmo do chão e me torno um comigo mesmo.[70] [41/42]

---

64 "de Héracles" foi acrescentado no *LN* (p. 322).
65 A oração precedente não foi reproduzida no *LN*.
66 As duas orações precedentes não foram reproduzidas no *LN*.
67 "O público está deslumbrado e se reconhece a si mesmo em Parsifal. Ele é eu" foi acrescentado no *LN* (ibid.).
68 No *LN*, essa expressão foi substituída por "armadura histórico-factual, de meu ornamento quimérico" (ibid.).
69 As duas últimas cláusulas não foram reproduzidas no *LN*.
70 Em *Parsifal*, Wagner apresentou sua versão da lenda do Graal. A trama é a seguinte: Titurel e seus cavaleiros cristãos têm o Graal em seu poder em seu castelo e uma lança sagrada para protegê-lo. Klingsor é um feiticeiro em busca do Graal. Ele atraiu os guardiões do Graal para o seu jardim mágico, onde há virgens e a feiticeira Kundry. Anfortas, o filho de Titurel, entra no castelo para destruir Klingsor, mas é encantado por Kundry e solta a lança sagrada, e Klingsor o fere com ela. Anfortas precisa ser tocado pela lança para que sua ferida seja curada. Gurnemanz, o mais velho dos cavaleiros, procura Kundry, sem conhecer seu papel no ferimento de Anfortas. Uma voz vinda do santuário do Graal profetiza que apenas um jovem honesto e inocente pode recuperar a lança. Entra Parsifal após matar um cisne. Sem conhecer seu nome ou o nome de seu pai, os cavaleiros esperam que ele seja o jovem. Gurnemanz o leva para o castelo de Klingsor. Klingsor ordena que Kundry seduza Parsifal. Parsifal derrota os cavaleiros de Klingsor. Kundry é transformada numa linda mulher, e ela o beija. Nisso ele percebe que Kundry seduziu Anfortas, e ele resiste a ela. Klingsor arremessa a lança contra ele, e Parsifal a pega. O castelo e o jardim de Klingsor desaparecem. Após algumas caminhadas, Parsifal encontra Gurnemanz, que agora vive como ermitão. Parsifal é colocado numa armadura preta, e Gurnemanz se ofende com o fato de ele se armar numa Sexta-feira Santa. Parsifal deita sua lança aos seus pés, removendo o capacete e as armas. Gurnemanz o reconhece e o unge rei dos cavaleiros do Graal. Parsifal batiza Kundry. Eles entram no castelo e pedem que Anfortas retire a cobertura do Graal. Anfortas pede que eles o matem. Parsifal entra e toca sua ferida com a lança. Anfortas é transfigurado, e Parsifal ergue o Graal. Em 16 de maio de 1913, Otto Mensendieck fez uma apresentação na Sociedade Psicanalítica em Zurique sobre a "Lenda Graal-Parsifal". Durante a discussão, Jung disse: "A versão exaustiva de Wagner da lenda do Santo Graal e Parsifal precisa ser complementada com a visão sintética de que várias figuras correspondem a várias aspirações artísticas. – A barreira do incesto não servirá para explicar que o feitiço de Kundry falha; em vez disso, tem a ver com a atividade da psique para elevar ainda mais as aspirações

22. I. 1914.[71]

Depois disso, continuo andando como um homem tenso que espera algo novo, algo que ele nunca imaginou até então. Alertado, instruído e destemido, procuro ouvir as profundezas, esforçando-me externamente a viver uma vida humana plena.[72]

———

"Ouve e escreve:

Tudo está escuro, tudo que apalpas nesta profundeza – sou escuro também para mim mesmo e só consigo quebrar e soltar pedaços – fragmentos de entidades completas – pois nada é sólido, e tudo é apenas possível. Queres aceitar o fragmentário, o despedaçado? Queres o trapo em vez da roupa toda, o botão em vez da calça, a vela em vez do sol? Queres o que foi misturado sem sentido, o derretido, o esfarelado?"[73] [42/43]

Aceitarei, minh'alma, o escuro que me dás. Não cabe a mim o direito de julgar e rejeitar. O destino separará o joio do trigo. Devemos subjugar-nos também à declaração de inutilidade e à destruição *in majorem vitae gloriam* [para a maior glória da vida].[74]

"Escuta, então: há aqui embaixo velhas armaduras e equipamentos dos nossos pais, carcomidos pela ferrugem, correias de couro mofadas estão presas neles, hastes de lanças comidas pelos vermes, pontas de lanças retorcidas, flechas quebradas, escudos apodrecidos, caveiras, ossos de homem e cavalo, antigos canhões, catapultas, tochas decompostas, ferramentas de assalto destroçadas – tudo que as batalhas de outrora deixaram no campo. Aceitarás tudo isso?"

Aceito, minh'alma, tu o sabes melhor. Não importa o que escaves [43/44], tudo me será bem-vindo. Talvez o destino me permita fazer uso disso.[75]

---

humanas" (MZS, p. 20). Em *Tipos psicológicos*, Jung apresenta uma interpretação psicológica de *Parsifal* (OC 6, § 421-422). Para o seu comentário sobre esse registro, cf. *LN*, p. 323-330.

71 Quinta-feira. *Liber Secundus*, cap. 18, "As três profecias" (*LN*, p. 330ss.).
72 Esse parágrafo não foi reproduzido no *LN*.
73 No *LN*, o parágrafo precedente foi substituído por: "Coisas admiráveis se aproximam. Eu chamei minha alma e lhe pedi que mergulhasse no alagadouro, cujo barulho eu percebera. Isto aconteceu no dia 22 de janeiro de 1914, como registrado vem relatado em meu Livro Negro. Mergulhou no escuro, com a rapidez de uma flecha, e lá do fundo ela gritou: 'Tu aceitarás o que vou trazer?'" (p. 330).
74 As duas linhas precedentes não foram reproduzidas no *LN*. A expressão latina é um jogo de palavras com a expressão "para a glória maior de Deus", o lema dos jesuítas.
75 As duas linhas precedentes não foram reproduzidas no *LN*.

Há aqui coisas ainda mais antigas: pontas de pedra, clavas de pedra, ossos afiados, dentes pontudos para flechas. A madeira está tão podre que ela se desfaz, trapos de tecido carbonizados espalhados entre tudo, cacos pretos e vermelhos de vasilhas de argila, trigo carbonizado, ossos quebrados e roídos – tudo que uma aldeia pré-histórica jogou fora e perdeu. Queres também isso?

Quero, dá-me. Sou grato a ti.[76]

Encontro pedras pintadas, ossos esculpidos com sinais mágicos, fórmulas de feitiço em farrapos de couro e plaquinhas de chumbo, bolsas sujas com dentes, cabelos humanos e unhas, lenha amarrada, bolas pretas, pele animal mofada – toda superstição conjurada [44/45] pela escura pré-história. Queres tudo isso?

Aceito tudo isso. Como rejeitaria algo? Como saber se não pode ser bom tê-lo?

Então toma sobre ti tudo isso em labuta diária.[77] Mas encontro coisa pior – fratricídio – assassinato covarde – tortura – sacrifício de crianças – extermínio de povos inteiros – incêndio – traição – guerra – revolução – isso também?

Isso também, se for preciso. Mas como posso julgar?

Encontro epidemias – catástrofes naturais – navios afundados – cidades destruídas – terríveis animais selvagens – [78]fomes – falta de amor das pessoas – e medo – montanhas inteiras de medo.

Assim seja, pois tu o dás. [45/46]

Encontro os tesouros de todas as culturas do passado – magníficas imagens de Deuses – templos amplos – pinturas – rolos de papiro – folhas de pergaminho com a escrita de línguas passadas – livros cheios de sabedoria perdida – hinos e canções de antigos sacerdotes – histórias contadas ao longo de mil gerações.

Isso é um mundo – não consigo abranger sua extensão. Como posso aceitar?

"Mas quiseste aceitar tudo que eu te desse?[79] Vê, tu não conheces teus limites. Ainda não consegues restringir-te?"

Devo restringir-me. Quem conseguiria abarcar essa riqueza?

"Então, sê modesto e cultiva teu jardim com moderação".[80] [46/47]

---

76 Os dois parágrafos precedentes não foram reproduzidos no *LN*.
77 As duas linhas precedentes não foram reproduzidas no *LN*.
78 A cláusula precedente não foi reproduzida no *LN*.
79 A última cláusula não foi reproduzida no *LN*.
80 Essas linhas se referem ao fim de *Candide*, de Voltaire (1759): "Tudo isso foi dito muito bem – mas devemos cultivar o nosso jardim" (*Candide and Other Stories*, trad. R. Pearson [Oxford: Oxford University Press, 1998], p. 392-393). Jung tinha um busto de Voltaire em seu escritório.

É o que farei. Vejo que não vale mais a pena conquistar uma parte maior da incomensurabilidade no lugar de um pedaço menor. Um pequeno jardim bem cuidado significa mais do que um grande jardim malcuidado. Diante da incomensurabilidade, ambos os jardins são igualmente pequenos, mas cuidados de forma desigual.

"Toma uma tesoura e poda tuas árvores".[81]

---

23 I 14[82]

Impassivelmente e com passos calmos e seguros, pareces aproximar-te, minh'alma. Passamos do mundo intermediário? Ou estamos entrando nele apenas agora?

"Ainda é noite, mas o dia parece estar próximo".

Mal ouso esperar, [47/48] pois temo minha cobiça que deseja a luz.

"Sê paciente".

Aprendi a ser paciente e ~~empregarei~~ usarei a paciência. Eu me calarei e aguardarei.

[83] "Não ouves algo de vez em quando?"

Não estou ciente de nada; o que deveria escutar?

"Um som".

Um som? De quê? Não escuto nada.

"Então escuta melhor".

Talvez com o ouvido esquerdo. O que significa?

"Desgraça".

Aceito o que dizes. Quero estender minhas mãos com paciência e receber sorte [48/49] e desgraça. De que serviriam medo e indignação?

"Então estende teus braços para o alto e recebe o que vier até ti."

O que é? Uma vara – uma serpente preta – uma vara preta, esculpida na forma de uma serpente – duas pérolas ✕ como olhos – uma fina corrente de ouro em torno do pescoço. Não se parece com uma – varinha de condão?

"É uma varinha de condão".[84]

---

81 Para o comentário de Jung sobre este registro, cf. *LN*, p. 332-334.
82 Sexta-feira, *Liber Secundus*, cap. 19, "O dom da magia" (*LN*, p. 335ss.).
83 A parte precedente desse registro não foi reproduzida no *LN*.
84 Sobre a varinha de condão, cf. LÉVI, E. *Transcendental Magic*: Its Doctrine and Ritual [1896]. Trad. A.E. Waite Londres: Rider, 1984, p. 259ss.

O que me serve a magia? A varinha de condão é uma desgraça? Magia é uma desgraça?

"Sim, para aqueles que a possuem".

Isso soa como uma velha saga. Quão estranha [49/50] és, minh'alma. O que devo fazer com magia?

"Magia fará muito por ti".

Temo que despertes minha cobiça e meu equívoco. Sabes que o ser humano não para ~~neg~~ de cobiçar a arte negra e as coisas que não exigem trabalho dele.

"A magia não é fácil e exige sacrifícios".

Exige ela o sacrifício do amor? Da humanidade? Se assim for, devolvo a vara preta.

"Não sejas apressado, julgas precipitadamente. A magia não exige esses sacrifícios. Ela exige outros".

"Quais, ó minh'alma, são estes?"

O sacrifício que a magia exige é [50/51] o do consolo".

Consolo? Ouvi x direito? É incrivelmente difícil entender-te. Como devo entender isso?

"O consolo deve ser sacrificado".

O que dizes? Devo sacrificar o consolo que dou ou que recebo?

"Ambos".

Estou confuso – perdoa-me – isso é obscuro demais para mim.

"Deves sacrificar o consolo por amor à vara preta, o consolo que dás e o consolo que recebes".

De quem recebo consolo? Daqueles que eu amo? Sim. Não devo recebê-lo? Também dou [51/52] consolo àqueles que eu amo. Não devo dar esse consolo?[85] Isto significa a perda de uma parte de humanidade, e seu lugar passa a ser ocupado por aquilo que chamamos de dureza contra si mesmo e os outros.[86]

"Exatamente".

A vara preta exige este sacrifício?

"Ela exige este sacrifício".

Posso eu, permiti-me fazer esse sacrifício por amor à vara preta? Devo aceitar a vara ~~pre~~?

---

[85] A parte precedente desse parágrafo não foi reproduzida no *LN*.

[86] Em *Ecce Homo*, Nietzsche escreve: "Toda aquisição, todo passo progressivo no conhecimento é o resultado de coragem, de severidade para consigo mesmo, de higiene em relação a si mesmo" (trad. R.J. Hollingdale [Harmondsworth: Penguin, 1979], prefácio, p. 3, 34).

"Queres ou não queres?"

Não sei dizer. O que sei sobre a vara preta? Quem a dá para mim?

"A escuridão que está diante de ti. É a próxima coisa que vem até ti. Queres aceitá-la e deitar [52/53] teu sacrifício aos pés dela?"

É duro ofertar à escuridão, às trevas cegas – e que sacrifício! Renunciar ao consolo que recebo é duro; mais duro ainda me parece recusar consolo.[87]

"A natureza – a natureza consola? Ela recebe consolo?"

Dizes uma palavra pesada. Que solidão exiges de mim?

"Esta é a tua desgraça – e o poder da vara preta".

Como falas sombriamente e de modo pressagiador! Estás me revestindo com a armadura de dureza gélida? Apertas meu coração com torniquetes de bronze? Eu me alegrava com o calor da vida. Devo abrir mão dela por – por amor à magia? O que é magia? [53/54]

"Não conheces a magia. Portanto, não julga, ou não condena. A que resistes?

Magia? O que adianta magia? Não acredito nela, não posso acreditar nela. Meu coração se aperta, e dúvidas penetram todos os portões – e é à magia que devo sacrificar uma parte maior da minha humanidade?

"Eu te aconselho bem, não resistas e, acima de tudo – não te finjas de tão esclarecido, como se, em teu íntimo, não acreditasses em magia".

Tu és implacável. Mas não ouso acreditar em magia, ou talvez eu tenha uma noção totalmente errada dela.

"Gostei de ouvir a segunda opção. Apenas uma vez abandona teus preconceitos cegos e atitudes críticas, mas caso contrário nunca entenderás nada. Ainda pretendes desperdiçar muitos anos esperando? [54/55]

Eu te peço, sê paciente. Minha ciência ainda não foi superada.

"Já passou da hora de superá-la".

Tu esperas muito, quase demais. Mas se a vida daqui por diante exigir de mim essa superação, assim seja – Afinal de contas, a ciência é imprescindível à vida? A ciência é vida? Existem pessoas que vivem sem ciência.

Mas superar a ciência por amor à magia – isso soa assustador e ameaçador.

"Tens medo? Não queres arriscar a vida? Não é a vida que te apresenta esse problema?"

---

87 A oração precedente não foi reproduzida no *LN*.

Tudo isso me deixa tão atordoado e confuso. Não tens uma palavra de luz para mim?

"Ah, desejas consolo? [55/56] Queres a vara ou não?"

Tu dilaceras meu coração. Quero subjugar-me à vida. Mas como é difícil – como é difícil!

Quero a vara preta, pois é a primeira coisa que a escuridão me dá. Não sei o que significa a tua vara, o que ela dá – só sinto o que ela tira!

Eu me ajoelho e recebo este mensageiro da escuridão – seja o que for.

Recebi a vara preta – seguro-a enigmático em minha mão – ela é fria e pesada como ferro – os olhos perolíferos da serpente me olham, cegos e cintilantes – o que queres, dádiva misteriosa e assombrosa? Toda a escuridão [56/57] de todo o passado se compacta em ti, aço duro e preto! És tempo e destino – essência da natureza, dura e eternamente desconsolada – mas soma de toda a força misteriosa da criação? – Palavras mágicas primordiais parecem emanar de ti – efeitos secretos tecem em torno de ti? Que artes poderosas dormitam em ti?

Tu me transpassas com tensão insuportável. Quais caretas produzirás? Que mistério terrível ~~tecerás~~ criarás? Gerarás bênção? Trarás temporal, ventania, frio e relâmpagos ou tornarás férteis os campos e abençoarás o ventre das grávidas?

Qual é a marca visível de teu [57/58] ser? Ou não precisas disso, filha do seio tenebroso? Contentas-te com a escuridão nebulosa, cuja concretização e cristalização tu és? Em que lugar da minha alma eu te abrigarei? Em meu coração? Ai, o meu coração deve ser teu altar, o teu santo dos santos? Escolhe então o teu lugar, eu te aceitei.

Como é pesada a tensão que trazes! O feixe dos meus nervos não está se partindo? Devo suportá-la, ofereci abrigo ao mensageiro da noite.

O que dizes, minh'alma?

"A magia mais poderosa mora nele".

Parece-me que eu o sinto, mesmo assim não consigo descrever a força lúgubre que lhe foi dada.

Eu queria rir, pois tantas coisas [58/59] mudam no riso e muitas coisas encontram sua solução apenas nele. Aqui o riso morre em mim. Sua magia é sólida como ferro e fria como a morte.

O que adianta falar?

Estou a sós com esta filha da escuridão.
Talvez ela fale?
"Tenta".
Minha vara preta, minha serpente, falas? – –
Minh'alma, a magia não fala.
"Talvez ela aja".[88]

Perdoa-me, minh'alma, não estou sendo impaciente. Mas parece-me que algo precisa acontecer para romper esta tensão insuportável que a vara me trouxe.

"Espera, mantém olhos e ouvidos [59/60] abertos".

Estremeço – e não sei por quê.

"Às vezes, estremecemos diante do – maior".

Eu me curvo, minh'alma, diante de figuras desconhecidas – desejo dedicar um altar a cada Deus desconhecido.

"Controla tua impaciência. A única coisa que te ajudará aqui é esperar".

Esperar – conheço essa palavra. Hércules também considerou penosa a espera sob o peso de seu fardo quando carregou a abóbada dos céus.

"Ele teve que esperar até o retorno de Atlas e segurou a abóbada dos céus por causa das maçãs".[89]

Preciso me render. O ferro preto em meu coração parece me dar força secreta. É como rebeldia e como – [60/61] desrespeito[90] aos homens – o sacrifício do consolo – ele já foi cumprido?[91]

27 I. 14.[92]

Venho arrastando-me de muitos cantos diferentes nos quais me perdi. Retorno para a vara preta da serpente. Ela parece ser um pedaço de morte sólido e poderoso.

A morte, porém, se apresenta como um poder que pertence a mim.

---

88 Os sete parágrafos precedentes não foram reproduzidos no *LN*.
89 Os três parágrafos precedentes não foram reproduzidos no *LN*. A referência é à décima primeira tarefa de Hércules, em que ele deve pegar as maçãs douradas, que conferem imortalidade. Atlas se dispôs a pegá-las para ele se Hércules sustentasse o firmamento no meio-tempo.
90 Essa palavra foi substituída por "desprezo" no *LN*.
91 As duas cláusulas precedentes não foram reproduzidas no *LN*. Para o comentário de Jung sobre esse registro, cf. *LN*, p. 338-343.
92 Terça-feira. *Liber Secundus*, cap. 20, "O caminho da cruz" (*LN*, p. 343ss.). À margem dessa seção do volume caligráfico, Jung acrescentou uma observação: "25 de fevereiro de 1923. A transformação da magia negra em branca".

Este pensamento deve vir do outro lado. Como eu poderia ter sonhado algo assim? Ou estaria enganado? Não devo perguntar, apenas descrever o que a profundeza diz.

"Palavras da profundeza" – isso se repete dentro de mim.

"Palavras da vida, da vida mais íntima e escura" – diz outra voz.

Vaidade e sedução se fundiam [61/62] enganosamente, pois o poder cintila em muitas cores sedutoras e tentadoras.[93] O poder deseja subjugar coisas externas, atrelar pessoas, acumular riquezas, cometer atos de violência. O poder deseja se livrar de serviço, subjugação e obediência, deseja colher onde não semeou, ganhar onde não há nada a perder.[94]

O poder deseja saciar todos os desejos infantis.

O que deseja o meu poder?

"Teu poder deseja viver".

É o poder sobre a vida?

"Verás".?

[95]Vejo um tronco como o de uma cruz e a pequena serpente preta da minha vara sobe, enroscando-se nele.

Vejo que o crucificado está pendurado [62/63] no lenho, a serpente entra pela ferida no seu lado e sai ~~pela~~ da boca do morto.[96] Ela se tornou branca. Ela sobe pela cabeça enrijecida do morto, ela se deita em torno de sua testa. Uma luz resplandece em torno de sua cabeça. No Oriente surge o sol esplendoroso.

[97]"Entendes?"

Entendo, é o milagre da renovação, a entrada na morte e a superação da morte. Mas ao que visa essa imagem? Ela fala de imortalidade?

"Não te apresses e não sejas perturbadoramente atrevido. Nada podes forçar. Por que falas de imortalidade? O que entendes disso? Existem outras coisas que talvez consigas entender com maior facilidade. Mas tu és curioso". [63/64]

---

93 Em 1917, em *Psicologia dos processos inconscientes*, Jung leu a metafísica da vontade de poder de Nietzsche como equivalente à pulsão de poder de Alfred Adler (efetivamente seguindo a própria fusão de Adler dos dois). Em *Collected Papers on Analytical Psychology*, p. 381ss.

94 Cf. Mt 6,26: "Olhai os pássaros do céu: não semeiam, nem colhem, nem guardam em celeiros, mas o Pai celeste os alimenta".

95 A seção precedente deste registro não foi reproduzida no *LN*.

96 No *LN*, as duas orações precedentes foram substituídas por: "Eu vi como a serpente negra se enroscou no alto do lenho da cruz. Ela entrou no corpo do crucificado e novamente saiu, transformada, da boca dele" (p. 343).

97 Os seis parágrafos seguintes não foram reproduzidos no *LN*.

É verdade o que dizes, minh'alma. Sou cobiçoso".

"Controla-te e sê paciente".

Eu aguardo e te confesso meu completo vazio e ignorância.

[98]"Deixa chover, deixa o vento soprar, deixa as águas correr e o fogo flamejar. Deixa que cada um cresça, dá tempo ao devir".[99]

Devo afastar-me, soltar a minha pena?

"Sim, tu deves".

Eu obedeço.

———

Deixa-me vir mais uma vez para diante de ti, permite que eu me ajoelhe e levante meus braços em súplica, para que esta tensão insuportável [64/65], esta incapacidade inconsciente se dissolva.

O que ignoro? Não quero ouvi-la? Não consigo compreendê-la? Qual é o poder da vara? E a vara – qual é o seu sentido?

———

[100]Um canteiro de tulipas – um pequeno jardim – uma casinha – nela moram duas pessoas idosas – Filêmon e Baucis[101] – Filêmon é um velho mago

---

98 "Mas o pássaro branco que estava pousado em meu ombro disse-me:" foi acrescentado aqui no *LN*, passando a palavra da alma para o pássaro branco (p. 343).
99 Para o comentário de Jung sobre esta seção deste registro, cf. *LN*, p. 343-349. Os cinco parágrafos seguintes não foram reproduzidos no *LN*.
100 *Líber Secundus,* cap. 21, "O mago" {I} (*LN*, p. 349ss.).
101 Nas *Metamorfoses,* Ovídio conta a história de Filêmon e Baucis. Júpiter e Mercúrio, disfarçados como mortais, caminham pela região montanhosa da Frígia. Eles estão procurando um lugar para descansar, mas são expulsos de milhares de lares. Um velho casal os acolhe. Os dois tinham se casado em sua cabana em sua juventude e tinham envelhecido juntos, aceitando sua pobreza. Eles preparam uma refeição para os seus hóspedes. Durante a refeição, eles veem que o garrafão volta a se encher por conta própria após ser esvaziado. Em honra de seus dois hóspedes, eles oferecem matar seu único ganso. O ganso se refugia junto a Júpiter e Mercúrio, que, revelando-se ao casal, dizem que o animal não deve ser morto. Então, os deuses dizem ao casal que seus vizinhos serão punidos, mas que podem escapar. Pedem que o casal escale a montanha com eles. Quando alcançam o cume, o casal vê que a região foi inundada. Apenas sua cabana permanece, e ela foi transformada num templo, com colunas de mármore e um telhado de ouro. Júpiter e Mercúrio perguntam ao casal o que ele deseja, e Filêmon responde que gostariam de ser sacerdotes e servir aos deuses em seu santuário e que gostariam de morrer ao mesmo tempo. Seu desejo lhe é concedido e, quando morre, o casal é transformado em árvores, uma ao lado da outra.
No quinto ato da segunda parte de *Fausto*, de Goethe, um viajante que já tinha sido salvo por Filêmon e Baucis uma vez, implora a eles mais uma vez. Fausto, que está construindo uma cidade em terra reconquistada do mar, diz a Mefistófeles que ele quer que Filêmon e Baucis se mudem. Mefistófeles e três homens poderosos queimam a cabana com Filêmon e Baucis ainda nela. Fausto responde que ele só queria que eles mudassem de residência. A Eckermann, Goethe contou: "Meu Filêmon e minha Baucis [...] nada têm a ver com aquele famoso casal antigo ou com a tradição vinculada a ele.

que não conseguiu exorcizar a velhice, mas que a vive com dignidade. E sua esposa só pode fazer o mesmo. Seus interesses na vida se tornaram restritos, infantis. Eles regam seu canteiro de tulipas e contam um ao outro das flores que acabam de desabrochar. E seus dias se arrastam num lusco-fusco pálido e oscilante, iluminados [65/66] pelas luzes do passado, pouco temerosos da escuridão daquilo que virá.

Por que Filêmon é um mago?[102] Ele conjura imortalidade para si mesmo, uma vida no além? Ele deve ter sido mago apenas por profissão, agora, parece um mago aposentado, que se retirou de seus negócios. Seus desejos e seu impulso criativo se apagaram, e agora aproveita seu descanso merecido por mera impotência, como todo idoso que nada mais pode fazer do que plantar tulipas e regar o seu pequeno jardim. Otium cum dignitate [ócio com dignidade] ——[103]

Dei a esse casal esses nomes apenas para elevar os personagens. As pessoas e relações são semelhantes, daí, o uso dos nomes surta um bom efeito" (6 de junho de 1831, citado em Goethe, Fausto II, org. Hamlin, p. 428). Em 7 de junho de 1955, Jung escreveu a Alice Rafael, referindo-se aos comentários de Goethe a Eckermann: "Ad Filemon e Baucis: uma resposta típica de Goethe a Eckermann tentando encobrir seus vestígios. Filêmon (φιλημα [philema] = beijo), o amante, o velho e simples casal amoroso, próximo da terra e ciente dos deuses, o oposto completo ao super-homem Fausto, o produto do diabo. Incidentalmente: em minha torre em Bollingen, encontra-se uma inscrição escondida: Philemon sacrum Fausti poenitentia [santuário de Filêmon, arrependimento de Fausto]. Quando encontrei o arquétipo do velho homem sábio pela primeira vez, ele chamou a si mesmo Filêmon./Na alquimia, F. e B. representam o artifex ou vir sapiens e a soror mystica (Zósimo-Teosobeia, Nicolas Flamel-Péronelle, Mr. South e sua filha no século XIX) e o casal em mutus liber (por volta de 1677)" (Beinecke Library, Yale University). Sobre a inscrição de Jung, cf. tb. sua carta a Hermann Keyserling, 2 de janeiro de 1928 (Cartas, vol. 1, p. 64). Em 5 de janeiro de 1942, Jung escreveu a Paul Schmitt: "Tenho assumido Fausto como minha herança e, além disso, o advogado de Filêmon e Baucis, que, diferentemente de Fausto, o super-homem, são os anfitriões dos deuses numa era sem escrúpulos e abandonada pelos deuses" (Cartas, vol. 1, p. 316-317).

102 Em *Tipos psicológicos*, durante uma discussão sobre Fausto, Jung escreveu: "O feiticeiro preservou um pedaço do paganismo antigo; ele mesmo possui em si uma natureza que não foi atingida pela dilaceração cristã; isto é, tem acesso ao inconsciente que ainda é pagão e onde os opostos ainda estão lado a lado em ingenuidade original, e que está além de toda pecaminosidade; mas, quando assumido na vida consciente, está apto a produzir, com a mesma força original e, portanto, demoníaca, tanto o mal quanto o bem... Por isso é um destruidor e também um salvador. Esta figura é, portanto, a mais indicada para se tornar a imagem simbólica de uma tentativa de união" (OC 6, § 314).

103 A oração precedente não foi reproduzida no *LN*. Essa expressão provém de *Pro Publius Sestius*, de Cícero: "Qual, então, é o objetivo desses pilotos do bem-estar comum, o que eles devem manter em vista para guiar seu curso? A condição mais excelente e mais desejável em vista de todos que são sãos, patriotas e florescentes: tranquilidade com postura digna" (Oxford: Clarendon, 2006, p. 98, 84 [trad., introdução e comentário de Robert Kaster]).

A varinha de condão está no armário, juntamente com o 6º e 7º livros de Moisés[104] e com a Sabedoria de Hermes Trismegisto.[105] Filêmon ficou velho e um pouco mentecapto. Em troca de uma boa doação em dinheiro [66/67] ou para a cozinha ele ainda murmura algumas fórmulas mágicas em prol do gado enfeitiçado. Mas é incerto se ainda são as fórmulas corretas ou se ele entende o seu sentido. É, também, evidente que o que ele murmura não importa, talvez o gado recupere a saúde por si mesmo mais tarde.

Lá vai o velho Filêmon pelo jardim, encurvado, segurando o regador com mãos trêmulas. Baucis está à janela da cozinha e o observa com calma e indiferença. Ela já viu esta cena centenas de vezes, cada vez um pouco mais enferma e fraca, cada vez enxergando menos, pois a força de seus olhos diminuiu drasticamente.[106]

Estou ao portão do jardim. Eles não perceberam o estranho. Aqui tudo é pequeno e apertado – uma antessala [67/68] do cemitério.[107]

"Filêmon, velho mestre dos bruxos, como vais?" eu o chamo. Ele não me ouve, pois é surdo como uma pedra. Por isso, vou atrás dele e o seguro pelo braço. Ele se vira e me cumprimenta, trêmulo e desajeitado. Tem uma barba branca e cabelos brancos e ralos, seu rosto é enrugado – e esse rosto parece ter algo. Seus olhos são cinzas e velhos – e há algo estranho neles, eu até diria que estão – vivos.

"Vou bem, estranho", diz ele. "Mas o que queres de mim?"

Fui informado de que és entendido na arte negra. Eu me interesso por ela. Podes me contar algo sobre ela?

F: "O que devo dizer-te? Não tenho nada a dizer". [68/69]

Eu: Não sejas rabugento, velho, quero aprender algo.

---

[104] Os sexto e sétimo livros de Moisés (isto é, além dos cinco contidos na Torá) foram publicados em 1849 por Johann Schiebel, que alegava que eles provinham de antigas fontes talmúdicas. A obra, um compêndio de encantos mágicos cabalistas, se mostrou persistentemente popular.

[105] A figura de Hermes Trismegisto foi formada como amálgama de Hermes e do Deus egípcio Toth. O *Corpus Hermeticum*, uma coleção de basicamente textos alquímicos e mágicos, que datam do início da era cristã; mas, inicialmente, foram tidos como muito mais antigos, foi atribuído a ele (COPENHAVER, B. (org.). *Hermetica*: The Greek Corpus Hermeticum and the Latin Asclepius in a New English Translation, with Notes and Introduction. Cambridge: Cambridge University Press, 2000).

[106] No *Fausto*, de Goethe, Filêmon fala sobre a diminuição de seus poderes: "Mais velho, eu não estava à disposição [para a construção do dique]/Não era útil como de costume/E à medida que minhas forças diminuíam/Também a onda já havia passado" (2, ato 5, ll. 11087-11089).

[107] A oração precedente não foi reproduzida no *LN*.

F: Certamente és mais culto do que eu. O que eu poderia ensinar-te?

Eu: Não sejas avarento. Certamente não te farei concorrência. Só gostaria de saber o que fazes e que tipo de magia praticas.

F: O que queres? Antigamente, eu só ajudava de vez em quando as pessoas contra doenças e danos de vários tipos.

Eu: Como fazias isto?

F: Bem, simplesmente com simpatia.

Eu: Esta palavra, meu velho, é estranhamente ambígua.

F: Por quê?

Eu: Poderia significar que ajudaste as pessoas através de empatia pessoal ou através de recursos supersticiosos de simpatia. [69/70]

F: Bem, creio que tenha sido ambas as coisas.

Eu: E isto era toda a sua magia?

F. agitado: Eu sei ainda mais.

Eu: O que é? Fala!

F: Isso não é da tua conta. Tu és impertinente e intrometido.

Eu: Por favor, não leves a mal a minha curiosidade. Recentemente ouvi algo sobre magia, isso despertou o meu interesse por esta arte esquecida. Então te procurei imediatamente, pois ouvi dizer que eras entendido em arte negra. Se, hoje em dia, a magia ainda fosse ensinada nas universidades, eu a teria estudado lá. Mas já faz muito tempo que a última escola de forças mágicas foi fechada. Hoje em dia não existe mais nenhum professor que saiba algo sobre magia. Então, não sejas sensível e avarento, mas conta-me um pouco sobre tua arte. [70/71] Certamente não queres levar teus segredos contigo para o túmulo?

F: Ai, tu zombarás de mim. Por que, então, eu te diria alguma coisa? É melhor que tudo seja enterrado comigo. No futuro, alguém poderá redescobrir isso. É algo que a humanidade não perderá.

Eu: O que queres dizer com isso? Acreditas que a magia é inata no ser humano?

F: Eu gostaria de dizer: Sim, naturalmente. Mas tu acharias isso risível.

Eu: Não dessa vez, pois já me perguntei muitas vezes por que todos os povos em todos os tempos e em todos os lugares têm os mesmos costumes mágicos. Eu mesmo já pensei algo parecido como tu.

F: Então, o que pensas sobre a magia?

Eu: Francamente: nada, ou pouco. Parece-me que a magia é simplesmente uma ferramenta sugestiva do [71/72] homem que é inferior à natureza. Além disso, não consigo encontrar qualquer significado tangível na magia.

F: É provável que os teus professores também saibam disso.

Eu: Mas o que sabes tu sobre isso?

F: Prefiro não dizer.

Eu: Não sejas tão misterioso, velho, senão devo supor que não sabes mais sobre isso do que eu.

F: Entende como queres.

Eu: Tua resposta me leva a crer que tu realmente sabes mais sobre isso do que os outros. Isso me pareceu bem positivo.

F: Homem engraçado, como és teimoso. Mas o que gosto em ti é que não te deixas desencorajar por tua razão.

Eu: É este realmente o caso. Sempre [72/73] que desejo aprender e entender algo, eu deixo minha razão em casa e dou à coisa que desejo adquirir a fé necessária. Reconheci há muito tempo que isso era necessário, pois vi na ciência muitos exemplos assustadores do contrário.

F: Neste caso, ainda chegarás mais longe.

Eu: Espero. Mas não nos afastemos da magia.

F: Por que insistes tanto em tua intenção de saber da magia, se alegas que deixaste a razão em casa? Ou será que, para ti, a consequência não faz parte da razão?

Eu: Faz sim – vejo, ou melhor, ~~eu~~ parece-me que ~~eras~~ és um sofista muito adepto, que me conduz habilmente ao redor da casa e de volta para o portão. [73/74]

F: Isso te parece assim porque avalias tudo sob o ponto de vista do intelecto. Se abandonares a tua razão por algum tempo, então desistirás também de tua consequência.

Eu: Esta é uma prova difícil. Mas se, algum dia, eu quiser ser adepto, suponho que devo ser também isso, para que as exigências sejam cumpridas. Eu sou todo ouvidos.

F: O que queres ouvir?

Eu: Tu não me seduzirás. Espero apenas aquilo que tu me dirás.

F: E se eu não disser nada?

Eu: Então – bem, então eu me retirarei um pouco decepcionado e pensarei que, no mínimo, Filêmon é uma raposa esperta, da qual poderia aprender algo.

F: Com isso, rapaz, acabaste de aprender algo de magia.

Eu: Preciso primeiro digerir isso. Devo admitir [74/75] que isso é um pouco surpreendente. Eu tinha imaginado a magia de forma um pouco diferente.

F: Isso te mostra o quão pouco entendes de magia e quão incorretas são as noções que tens dela.

Eu: Se este fosse o caso ou se assim for, devo admitir que abordei o problema de modo totalmente errado. Portanto, parece que isso não anda pelo caminho ~~com~~ da compreensão comum.

F: Este realmente não é o caminho que leva à magia.

Eu: Tu, porém, não me desencorajaste, pelo contrário – estou ardendo de desejo de aprender mais. O que sei até agora é essencialmente negativo.

F: Com isto conheceste um segundo ponto importante. Acima de tudo deves saber que a magia [75/76] é o negativo daquilo que podes conhecer.

Eu: Também isto, meu querido Filêmon, é um pedaço de difícil digestão, que me causa um mal-estar considerável. O negativo daquilo que podemos conhecer? Suponho que estejas dizendo que não podemos conhecê-lo, mas –– ? Aqui se esgota a minha compreensão.

F: Este é o terceiro ponto, que deves reconhecer como essencial, isto é, que não tens nada a compreender.

Eu: Bem, confesso que isto é novo e estranho. Portanto, não existe nada na magia que possa ser compreendido?

F: Exato. A magia é justamente tudo aquilo que não se compreende.

Eu: Mas como, diabos – perdoa a expressão, a magia deve ser ensinada e aprendida?

F: A magia não deve ser ensinada nem aprendida. [76/77] É tolice querer aprender magia.

Eu: Então a magia nada mais é do que uma fraude.

F: Não sejas descuidado, recorreste novamente à razão.

Eu: É difícil ser sem razão.

F: Igualmente difícil é a magia.

Eu: Bem, neste caso, é trabalho duro. Parece-me então que é precondição imprescindível para o adepto desaprender totalmente a sua razão.

F: Sinto muito, mas é assim.

Eu: Ó Deuses, isto é ruim.

F: Não é tão ruim quanto pensas. Com a idade, a razão diminui por si mesma, pois é uma contraparte útil às pulsões, que são muito mais intensas na juventude do que na velhice. Já viste algum mago jovem?

Eu: Não, o mago é proverbialmente velho.

F: Vês que estou certo. [77/78]

Eu: Mas então as perspectivas do adepto são ruins, ele é obrigado a esperar até a idade avançada para descobrir os segredos da magia.

F: Se renunciar mais cedo à sua razão, mais cedo também poderá aprender algo.

Eu: Isso me parece um experimento perigoso. Não se pode renunciar à razão tão facilmente.

F: Também não se pode ser um mágico tão facilmente.

Eu: Tens armadilhas danadas.

F: O que queres? Isto é magia.

Eu: Velho diabo, despertas em mim a inveja da velhice caduca.

F: Vê só, um jovem que deseja ser um velho! E por quê? Ele deseja aprender a magia e não o ousa por causa de sua juventude! [78/79]

Eu: Tu estendes uma rede cruel, velho armador de ciladas.

F: Talvez queiras esperar alguns anos com a magia, até que teus cabelos tenham se tornado mais grisalhos, talvez teu juízo diminua um pouco.

Eu: Não aguento mais ouvir-te, velho zombador. Estupidamente caí em tua armadilha – não consigo fazer sentido daquilo que dizes.

F: Estupidez. Isso já seria um progresso no caminho para a magia que não deve ser subestimado.

Eu: Falando nisso, o que alcanças com tua magia?

F: Eu vivo, como vês.

Eu: Outros idosos também.

F: E tu viste como?

Eu: Bem, sim, não era uma visão agradável [79/80]. Falando nisso, a idade também deixou marcas em ti.

F: Eu sei disso.

Eu: Então, onde estão as vantagens?

F: São aquelas que tu não vês.

Eu: Que vantagem é esta que não se vê?

F: Denomino-as magia.

Eu: Tu te movimentas num ominoso círculo vicioso. Que o diabo te leve.

F: Vê, isto também é uma vantagem da magia, nem mesmo o diabo ~~vem até~~ consegue me levar. Estás fazendo progressos decisivos no conhecimento da magia, de modo que devo crer que tens bom talento para ela.

Eu: Eu te agradeço, Filêmon, já basta, estou zonzo. Adeus!

Saio do pequeno [80/81] jardim e desço pela estrada. As pessoas se reúnem em grupos e me olham furtivamente. Eu as ouço murmurar por trás das minhas costas: "Vede, lá vai o aluno do velho Filêmon – ele conversou muito com o velho – este aprendeu alguma coisa – ele conhece os mistérios – se eu soubesse o que ele sabe agora" –

"Calados, loucos malditos", quero gritar, mas não consigo, pois não sei se realmente não aprendi nada.

E pelo fato de eu não dizer nada, ~~todos~~ desde então todos eles acreditam ainda mais que eu recebi de Filêmon a arte negra. [81/82][108]

29. I. 14.

[109]"Minh'alma, o que posso dizer? O que dizes tu?"

[110]"Faço crescer capim – sobre tudo que fazes!"

Isso soa reconfortante e parece não significar muito.

"Queres que eu diga muito? Posso ser também banal, como sabes, e me contentar com isso".

Isso me parece difícil. Eu acreditava que estavas em conexão íntima com todas as coisas no além, com o maior e o mais incomum. Por isso pensei que a banalidade lhe seria algo estranho.

"A banalidade é, para mim, um elemento vital, um verdadeiro ponto de descanso".[111]

---

108 Para o comentário de Jung sobre a segunda parte desse registro, cf. *LN*, p. 356-364.
109 Quinta-feira. *Liber Secundus*, cap. 21, "O mágico" {2}, (*LN* p. 414ss.). A passagem seguinte foi acrescentada aqui no *LN*, diferenciando a alma como a serpente (no limiar da natureza tripla, cf. *Livro 5*, p. 270): "Prossigo em meu caminho. Um aço bem fino, endurecido em dez fogos, escondido debaixo da túnica, é meu companheiro. Trago no peito uma cota de malha, disfarçada sob o manto. De noite conquistei o amor das cobras, adivinhei seu enigma. Sento-me a seu lado sobre as pedras quentes do caminho. São astutas e terríveis, mas sei como cativá-las, aqueles diabos frios que picam no calcanhar as pessoas incautas. Tornei-me seu amigo e toco para elas uma flauta de som suave. Mas minha caverna eu a enfeito com suas peles luzidias. Prosseguindo em meu caminho, cheguei a um rochedo avermelhado sobre o qual estava deitada uma cobra multicolorida. Como já tivesse aprendido do grande Filêmon a magia, tomei minha flauta e toquei para ela uma canção mágica, que a fez acreditar ser ela a minha alma. Quando estava suficientemente enfeitiçada" (p. 365).
110 *LN* acrescenta: "Mas ela falou, lisonjeada e por isso com paciência" (p. 365).
111 A cláusula precedente não foi reproduzida no *LN*.

Se eu tivesse dito isso, eu teria ficado menos surpreso.

"Quanto mais incomum tu fores, mais comum eu posso ser. Isso é um verdadeiro [82/83] repouso para mim. Creio que tenhas sentido que, hoje à noite, não terei que me torturar".

Sinto algo desse tipo – e estou preocupado que, no fim, tu te sentirás bem demais e que ~~no fim~~ tua árvore deixará de dar frutos.

"Já estás preocupado? Não sejas tolo e concede-me descanso".

Farei isso com prazer, mas tenho um leve medo de que a fonte possa secar.

"Às vezes, fontes precisam secar".[112]

Percebo que te deleitas com o banal. Mas já não vejo isso como tragédia, minha prezada amiga, pois agora já te conheço muito melhor do que antes.

"Estás te tornando inconveniente. Temo que teu respeito esteja desaparecendo". [83/84]

Estás com medo? Acredito que isso seria desnecessário. Fui suficientemente informado sobre a vizinhança amigável entre o pathos e o banal. Isso não me assusta mais.

"Então percebeste que o devir da alma segue uma trilha serpentiforme? Deves ter percebido como logo se faz noite, logo se faz dia, como se alternam água e terra seca? E como todas as coisas que forçamos são prejudiciais?"

Creio que tenha visto isso. Quero deitar-me ao sol por um tempo, bem aqui, nesta pedra quente. Talvez o sol me choque.

"Aprendeste um pedaço de sabedoria".[113] [84/85]

31. I. 14.[114]

Não sei o que dizer. Cozinha-se em todas as panelas.

"Uma refeição está sendo preparada".

Provavelmente um banquete fúnebre, uma Última Ceia, uma "Comunhão", suponho eu?[115]

"Uma confraternização com toda a humanidade".

---

112 Os dois parágrafos precedentes não foram reproduzidos no *LN*.
113 A oração precedente não foi reproduzida no *LN*.
114 Sábado. No dia anterior, na Sociedade Psicanalítica em Zurique, Maeder falou "Sobre o problema do sonho". Durante a discussão, Jung criticou a concretização da teoria de Freud e introduziu a distinção entre ver sonhos de um ponto de vista objetivo e outro subjetivo. Ele argumentou que sonhos tinham uma tendência de equilibrar e regular e que eles também tinham uma função final.
115 No *LN*, essa oração é substituída por: "Um jantar?" (p. 366).

Um pensamento horripilante e doce: ser convidado e comida ao mesmo tempo![116]

"Este foi também o prazer mais sublime de Cristo".

O sagrado – o pecaminoso, o quente e o frio, tudo se mistura! Loucura e razão desejam se casar, cordeiro e lobo pastam juntos em paz.

Cada palavra estarrece em gelo e goteja fogo. Por isso minhas palavras não fluem.[117] Tudo é sim e não.

O mais baixo e o mais alto se tornam um.[118] [85/86]

Os opostos se abraçam, olham nos olhos uns dos outros e se confundem uns com os outros. Reconhecem em prazer atormentado a sua unidade.

Meu coração está cheio de luta tumultuosa, não da luta que dilacera, mas da luta que busca a união.[119] As ondas de uma correnteza clara e de outra escura correm, uma maior do que a outra, para se unir.

Uma unidade antagônica parece estar se formando dentro de mim.[120]

Nunca senti isso antes.

"Isto é novo, meu querido, ao menos para ti. Para mim, isso não era estranho. Apenas tu tens me irritado com isso".[121]

Deves estar caçoando – mas lágrimas e sorriso são uma coisa só. Ambos não me comovem mais. Estou em rígida tensão.

Aquele que ama alcança os céus [86/87] e aquele que resiste alcança as mesmas alturas. Ambos se abraçam fortemente e não pretendem se soltar, pois o excesso de sua tensão parece significar a possibilidade última e mais sublime de sentimento.

"Tu te expressas de modo patético e filosófico. Sabes que é possível expressar tudo isso de maneira bem mais simples. Por exemplo, seria fácil dizer que tu és amado – desde os caracóis até Tristão e Isolda".[122]

---

[116] Em *Mysterium Coniunctionis*, Jung observou: "Se o conflito projetado deve ser sanado, precisa ele retornar à alma do indivíduo, onde ele se originou de modo inconsciente. Quem quiser dominar essa ruína, deve celebrar uma ceia consigo mesmo, comendo sua própria carne e bebendo seu próprio sangue, isto é, deve reconhecer e aceitar o outro dentro de si próprio (OC 14/2, § 176).

[117] As duas orações precedentes não foram reproduzidas no *LN*.

[118] A oração precedente não foi reproduzida no *LN*.

[119] As duas cláusulas precedentes não foram reproduzidas no *LN*.

[120] A oração precedente não foi reproduzida no *LN*.

[121] As duas orações precedentes não foram reproduzidas no *LN*.

[122] Conto do século XII do romance adúltero entre o cavaleiro Tristão, da Cornualha, e Isolda, a princesa irlandesa, tem sido contado e recontado. Jung se referiu a *Tristão e Isolda*, de Wagner, como um exemplo do modo visionário de criação artística ("Psicologia e poesia", OC 15, § 142).

Minh'alma – sim, tu és um diabo, mas Deus te aceitou.[123]

"Será que a religião ainda te atormenta? De quantos escudos ainda precisas? Sugiro que sejas franco".

Tuas banalidades não me assustam. Minha covardia pesa mais sobre mim.[124]

"Bem, e quanto à moral? Moral [87/88] e imoral tornaram-se hoje uma coisa só?"

Tu caçoas, terrível sofista.[125] Devo, porém, dizer que aqueles dois que, abraçando-se, alcançam o céu, são também o bem e o mal. Não estou brincando, antes gemo, pois alegria e dor correm pelo meu coração em rápidas alterações de ritmo e ressoam juntos em novas harmonias e desarmonias.[126]

"Onde está a tua razão?"[127]

Minha razão? É irracionalidade, contrassenso e sabedoria.[128] Não tenho mais qualquer razão. Talvez ela retorne mais tarde, hoje, porém, ela é apenas fenômeno parcial e completamente insuficiente.[129]

"Renegas tudo que acreditavas, até mesmo o Fausto.[130] Ele passou xx [88/89] pela marcha silenciosa dos fantasmas".

Não aguento mais – meu espírito também é um fantasma. Não devo e não posso passar silenciosamente por isso.[131]

"Vejo que segues meus ensinamentos".

Infelizmente é assim, e isto me rendeu uma alegria dolorosa.

"Não escaparás de ti mesmo".[132]

Esta desgraça me alegrará.

[133]"Tu te comportas como se fosses inatingível".

---

123 A oração precedente foi substituída no *LN* por: "Sim, eu sei, mas apesar disso –" (p. 367).
124 As duas orações precedentes foram substituídas no *LN* por: "Tu não me atinges" (ibid.).
125 No *LN*, "sofista terrível" foi substituído por: "minha irmã e demônio ctônico" (ibid.).
126 No *LN*, "em novas harmonias e desarmonias" e "fluem pelo meu coração" não foram reproduzidos.
127 "Ficaste completamente tolo. Poderias resolver tudo em pensamento" foi acrescentado no *LN* (p. 368).
128 No *LN*, a oração precedente foi substituída por "Minha inteligência?" (*LN*, p. 368).
129 No *LN*, a oração precedente foi substituída por "Tornou-se insuficiente para mim" (ibid.).
130 No *LN*, a oração precedente foi substituída por "Tu renegas tudo em que acreditas. Esqueces completamente quem és. Renegas até mesmo o Fausto, que passou pela marcha silenciosa dos fantasmas" (ibid.).
131 A oração precedente não foi reproduzida no *LN*.
132 No *LN*, a oração precedente foi substituída por "Tu fazes de teus sofrimentos um prazer. Estás deturpado, cego; pois então sofre, maluco" (p. 368).
133 *LN* acrescenta: "Neste momento, a cobra ficou raivosa e deu um bote na direção do meu coração, mas quebrou suas presas venenosas na minha armadura escondida" (p. 368).

Porque eu estudei a arte de pisar com o pé esquerdo sobre o pé direito e vice-versa; algo que outras pessoas souberam [89/90] fazer inconscientemente desde sempre.

[134]"Então finalmente percebeste isso?"

[135] A linha serpentiforme da vida não conseguiu escapar de mim por muito tempo.[136]

Creio que a próxima curva no caminho me levará para fora aos humanos?

"Tu verás. Eu me envolvo em silêncio eloquente".[137]

I. II. 14.[138]

[139] Ó noite de tensões e dúvidas sem direção – ó unidade no voltar-se uns contra os outros!

Jamais, vida, estiveste mais duvidosa do que hoje.

Quando Deus não avançava, pelo menos o diabo progredia, e vice-versa. Mas como será agora que Deus e diabo se tornaram um só? Eles [90/91] entraram em acordo para suspender o progresso da vida?[140] Seria possível que a unidade dos opostos suspendesse também o processo da vida?[141] A luta dos opostos faz parte das condições imprescindíveis da vida, e fica parado aquele que reconheceu, ou vive, ou tenta viver a unidade dos opostos?[142] Ele ficou completamente do lado da vida real e não age mais como se pertencesse a um partido e lutasse contra o outro; ele é ambos e pôs um fim à sua discórdia. Assim, quando ele quis aliviar o fardo de sua vida, ele também lhe tirou a sua força? São estas as perguntas, minh'alma, que eu te apresento hoje.[143]

[144]"Estás colocando a faca no meu peito. Certamente, os opostos [91/92] têm sido um elemento vital para mim. Tu já deves ter percebido isso há muito

---

134 *LN* acrescenta: "Então a cobra se endireitou de novo, colocou a parte da cauda como por acaso diante da boca, para que eu não pudesse ver as presas venenosas quebradas, e disse orgulhosa e calmamente:" (ibid.).
135 *LN* acrescenta: "Mas sorrindo eu lhe disse:" (ibid.).
136 As duas orações seguintes não foram reproduzidas no *LN*.
137 Para o comentário de Jung sobre esses dois registros, cf. *LN*, p. 368-370.
138 Domingo. *Liber Secundus*, cap. 21, "O mágico" {3} (*LN*, p. 370ss.).
139 Os dois primeiros parágrafos e a primeira linha do terceiro parágrafo não foram reproduzidos no *LN*.
140 No *LN*, a cláusula precedente foi substituída por "paralisar a vida".
141 A oração precedente não foi reproduzida no *LN*.
142 "ou tenta viver" não foi reproduzido no *LN*.
143 A oração precedente não foi reproduzida no *LN*.
144 *LN* acrescenta: "Então a cobra se virou e disse mal-humorada:" (p. 370).

tempo. Tuas inovações me privam de minha fonte de energia.¹⁴⁵ Não posso te seduzir com pathos nem te irritar com banalidades. Estou um pouco confusa".

Se tu estás confusa, devo eu aconselhar-te? Prefiro que mergulhes nas profundezas mais profundas às quais tens acesso e que interrogues Hades ou os celestiais. Talvez alguém no além possa te oferecer conselho.

"Tens ficado autoritário".

A necessidade é ainda mais autoritária do que eu. Preciso viver e conseguir me mexer.

"Tu tens toda a extensão da terra. Para que desejas interrogar o além?"

Não é a curiosidade vaidosa que me impulsiona, mas a necessidade. Não recuarei.

"Obedeço, mas com relutância. Este estilo é novo e inusitado para mim". [92/93]

Lamento. Mas a necessidade urge. Dize à profundeza que a nossa situação está ruim, porque cortamos um órgão importante da vida. Como sabes, não sou o culpado, pois tu me guiaste premeditadamente a este caminho.

"Estás brincando de Adão e Eva comigo.¹⁴⁶ Ninguém te obrigou a aceitar a maçã."

Chega de piadas. Conheces aquela história melhor do que eu. Estou falando sério. Precisamos de ar.

Levanta-te e busca o fogo. Já está escuro ao meu redor há muito tempo. Estás sendo lerda ou covarde?

"Vou trabalhar. Toma de mim o que eu trouxer do fundo".

Uma cadeira – o trono de Deus – Deus Pai, Filho e Espírito Santo – a [93/94] Santa Trindade – a mãe com a criança – céu e inferno e, com ele, Satanás. Ele vem por último, ele resiste e se agarra ao seu além. Ele não quer abrir mão dele. O mundo superior é frio demais para ele.

Estás segurando-o?

Satanás com chifres e rabo sai arrastando de um buraco escuro, eu o puxo pelas mãos.¹⁴⁷

Bem-vindo, ser sombrio e quente! A minha alma o arrancou rudemente para o alto?

---

145 Em vez disso, *LN* diz: "fonte de força" (ibid.).
146 A oração precedente não foi reproduzida no *LN*.
147 A oração precedente não foi reproduzida no *LN*.

S: "O que é isso? Há algum tempo, há um rumorejar incrível no além. Alguém que se chama tua alma está causando um um espetáculo imprudente no nosso lugar.[148] Eu protesto contra esta extração indelicada e[149] violenta". [94/95]

Eu: Acalma-te. Eu não te esperava. A Santa Trindade e seu cortejo vieram primeiro.[150] Mas tu pareces ser a parte mais pesada, pois vieste por último.

S: O que queres de mim? Não preciso de ti, camarada impertinente.

Eu: É bom que estás aqui. Eu prometi à minha alma que aceitaria tudo que ela me trouxesse.[151] És a coisa mais viva e mais interessante[152] de toda a dogmática.[153]

S: O que me importa a tua conversa fiada? Rápido — estou com frio aqui.

Eu: Ouve — algo aconteceu conosco. Pois acabamos de unir os opostos. Entre outras coisas, fizemos com que tu fosses ~~pois~~ um [95/96] com Deus.[154]

S: Pelo amor de Deus, era este o escândalo terrível?[155] Que besteira ~~apro~~ desmiolada estais aprontando?

Eu: Por favor, não foi tão tolo quanto pensas. Essa união é um princípio incrivelmente econômico.[156] Pusemos um fim às briguinhas intermináveis e congestionantes entre os partidos, a fim de finalmente termos as mãos livres para um trabalho unido de progresso ou, melhor, para a vida real com toda a sua multiplicidade.[157]

S: Isto me cheira a monismo.[158] Eu já tomei nota de alguns desses senhores. Câmaras especiais foram aquecidas para eles.

Eu: Estás enganado. Conosco as coisas não são tão intelectuais e universalmente éticas quanto no monismo.[159] [96/97] Pois nem temos uma verdade cor-

---

148 A oração precedente não foi reproduzida no *LN*.
149 "indelicada e" não foi reproduzido no *LN*.
150 A oração precedente não foi reproduzida no *LN*.
151 A oração precedente não foi reproduzida no *LN*
152 Essa palavra não foi reproduzida no *LN*.
153 Para o relato de Jung sobre o significado de Satanás, cf. *Resposta a Jó*, OC 11/4.
154 Jung discutiu a questão da união de opostos extensamente em *Tipos psicológicos*, cap. 6, "O problema dos tipos na arte poética". A união de opostos ocorre através da produção do símbolo reconciliador.
155 No *LN*, essa palavra foi substituída por "barulho" (*LN*, p. 371).
156 Essa descrição foi substituída por "importante" no *LN* (ibid.).
157 A cláusula precedente foi substituída no *LN* por "a fim de finalmente termos as mãos livres para a verdadeira vida" (ibid.).
158 Uma referência ao sistema do monismo de Ernst Haeckel, que Jung criticava.
159 No *LN*, a oração precedente foi substituída por: "Conosco as coisas não acontecem tão racionalmente" (p. 372).

reta. Até isso nós já superamos. Portanto, não se trata de nenhum monismo,[160] mas de um fato altamente notável e estranho; pois após a união dos opostos aconteceu – de modo inesperado e incompreensível para nós – que nada mais aconteceu. Tudo permaneceu em paz, mas também completamente imóvel, e a vida se transformou num mero vegetar sem força e progresso.[161]

S: Ah, tolos! Aprontastes uma bela confusão!

Eu: Bem – tua zombaria é desnecessária. Aconteceu uma vez experimenti causa,[162] mas também com uma intenção verdadeiramente séria.[163] [97/98]

S: Senti na pele vossa seriedade. A ordem do além está abalada nas suas fundações.

Eu: Vês, portanto – desta vez a coisa é séria. Aparentemente, minha alma te trouxe para que tu me respondas.[164] Quero uma resposta à minha pergunta sobre o que deve ser feito agora nesta situação. Não sabemos mais como prosseguir.

S: É difícil dar um conselho, mesmo se quisesse dá-lo. Sois tolos cegados, uma gente descarada. Por que fostes mexer com isso? Como pretendeis entender a ordem do mundo?

Eu: Teu esbravejar mostra que estás especialmente aborrecido. Vê, a Santíssima Trindade é calma e absoluta.[165] As inovações não parecem desagradar a ela. [98/99]

S: Não podes confiar nela.[166] Ela é tão irracional que não se pode confiar em suas reações. Eu te desaconselho fortemente a levar a sério aqueles símbolos.[167]

Eu: Eu te agradeço pelo conselho bem-intencionado. Mas tu pareces interessado. Eu esperaria de tua inteligência proverbial um julgamento imparcial.

S: Eu não sou parcial. Tu mesmo podes julgar. Se contemplares aquele absolutismo em toda a sua equanimidade sem vida, descobrirás sem dificuldade que a paralisia da vida provocada por tua ~~indiscr~~ presunção apresenta uma semelhança desesperada com o absoluto. Quando eu te aconselho, [99/100] eu me coloco inteiramente do teu lado, pois tu também não suportas essa paralisia.

---

160 A cláusula e a oração precedentes não foram reproduzidas no *LN*.
161 No *LN*, essa descrição foi substituída por "numa paralisação" (p. 372).
162 Latim: por razão da experiência.
163 A oração precedente foi substituída no *LN* por "Isto aconteceu com intenção séria" (p. 372).
164 A oração precedente não foi reproduzida no *LN*.
165 Essa descrição foi substituída no *LN* por "serena" (p. 372).
166 A oração precedente não foi reproduzida no *LN*.
167 Cf. Jung, "Tentativa de uma interpretação psicológica do dogma da Trindade", 1940, OC 11/2.

Eu: Como? Tu estás do meu lado? Isso é estranho.

S: Não há nada de estranho nisso. O absoluto sempre foi adverso ao vivo. Eu sou o verdadeiro mestre da vida.

Eu: Isto é suspeito. Reages de modo excessivamente pessoal.

S: Eu não reajo de modo pessoal. Eu sou totalmente vida inquieta, apressada. Jamais estou satisfeito, nunca sereno. Eu derrubo tudo e reconstruo apressadamente; eu sou ambição, avidez de fama, prazer de ação, sou a fonte de novas ideias. O absoluto é – como já diz o nome – enfadonho e vegetativo. [100/101]

Eu: Quero acreditar em ti. Então – o que aconselhas?

S: O melhor conselho que posso te dar é: revoga ~~tua~~ toda a tua inovação danosa o mais rápido possível.

Eu: Mas isso é impossível![168] E o que ganharíamos com isso? Teríamos que recomeçar desde o início e chegaríamos impreterivelmente uma segunda vez à mesma conclusão. Aquilo que se compreendeu uma vez e aquilo que se sabe não pode ser intencionalmente não sabido, como se nunca tivesse acontecido. Teu conselho não é conselho nenhum.

S: Mas conseguiríeis viver sem divisão e discórdia? Deveis irritar-vos com algo, representar um partido, vencer oposições se quiserdes viver. [101/102]

Eu: Isso não ajuda em nada. Nós também nos vemos na oposição. Estamos cansados desse jogo –

S: – e, com isso, da vida.

Eu: Parece-me que isso depende daquilo que chamas vida. Teu conceito de vida tem algo de escalada e derrocada, de alegação e dúvida, de destruição impaciente e construção apressada. Falta-te o vegetativo[169] e sua longanimidade.

S: Correto – minha vida ferve e borbulha e levanta ondas inquietas, consiste em apoderar-se e descartar, é desejo ardente e inquietação. Isso é vida, não é?

Eu: Mas o absoluto também vive.

S: Isso não é vida. É paralisação, [102/103] ou algo equivalente à paralisação. Ou melhor, ele vive de forma incrivelmente lenta e desperdiça milênios – como o estado lamentável que vós criastes com vossas inovações.

---

168 A oração precedente não foi reproduzida no *LN*.
169 No *LN*, essa palavra foi substituída por "o absoluto" (p. 373).

Eu: Sem querer, tu me acendes uma luz. Tu és vida humana pessoal – mas a paralisação aparente é a vida longânime da eternidade, a vida da divindade.

Desta vez, tu me aconselhaste bem. Eu te liberto – adeus!

Como uma toupeira, Satanás se arrasta destramente de volta para o seu buraco. Os símbolos da Trindade e seu séquito se erguem com calma e serenidade inabalável de volta para o céu. [103/104]

Eu te agradeço, minh'alma,[170] trouxeste à tona a pessoa certa. Sua linguagem é universalmente inteligível, pois ela é pessoal.

Podemos voltar a viver, minh'alma, uma vida longa; podemos desperdiçar milênios.[171]

2. II. 14.[172]

Isso foi um vento refrescante!

Será sempre a necessidade que nos impulsiona, não poderia ser também a alegria?

Minh'alma, o que pensas? Queres ir e dizer ao além que, hoje, estamos bem e que não precisamos de ajuda?

"Não seria presunçoso? bater à porta do além sem razões urgentes?" [104/105]

Talvez seja presunçoso, mas não temos certeza. Vale a tentativa.

"Não estou a fim".

Não quero forçar nada, mas, talvez – quem sabe – descobrimos algo significativo.

"Não preferes descansar?"

Não tenho certeza. Tendo, porém, a acreditar que, pelo menos, valeria a tentativa. Então, vai!

"Irei e chamarei Satanás mais uma vez para ti".

Por que ele? Ontem à noite, ouvi dele tudo que precisava. Quanto ao resto, a escolha é tua.[173]

---

170 No *LN*, "minha alma" foi substituído por "cobra" (p. 373).
171 Para o comentário de Jung sobre essa passagem, cf. *LN*, p. 374. No *LN*, a cena dos Cabiros, que não se encontra nos *Livros Negros*, segue aqui (p. 374-379). O manuscrito mais antigo para a cena dos Cabiros é o esboço escrito à mão (1914-1915).
172 Segunda-feira, *Líber Secundus*, cap. 21, "O mago" {4} (*LN*, p. 379ss.).
173 No *LN*, a parte precedente desse registro foi substituída por: "'Não quero forçar nada; mas, talvez, quem sabe? Mesmo assim descobriremos algo útil'. A serpente hesitou por um tempo, então ela desapareceu nas profundezas" (p. 439).

[174]"Acredito que tenha alcançado [105/106] o inferno – tem um homem enforcado aqui."

Uma pessoa feia, nada vistosa, com rosto deformado está diante de mim. Tem orelhas de abano e uma corcunda e é de baixa estatura.

~~(Era esta a aparência que Cristo deveria ter?)~~[175]

Quem és?

E: Eu sou um envenenador que foi executado na forca.

Eu: Por que fizeste aquilo?

E: Para a honra de Deus.

Eu: O que dizes? Para a honra de Deus? O que queres dizer com isso?

E: Em primeiro lugar, tudo que acontece serve para a honra de Deus, não é? Em segundo lugar, eu tinha [106/107] minhas próprias ideias.

Eu: E quais eram?

E: As minhas ideias? Eu os amava e queria tirá-los de uma vida miserável e levá-los mais rapidamente para a bem-aventurança eterna. Eu lhes dei um sonífero forte, forte demais.

Eu: E isso não te levou a procurar tua própria vantagem?

E: De forma alguma.[176] Eu fiquei sozinho e estava muito infeliz. Eu permaneci vivo por causa dos meus dois filhos, para os quais eu previa um futuro melhor. Eu era fisicamente mais saudável do que minha esposa, por isso quis viver.

Eu: E a tua esposa concordou com o assassinato?

E: Não, certamente ela não concordou. Mas ela nada sabia das minhas intenções. Infelizmente, o assassinato foi descoberto, e [107/108] eu fui condenado.[177]

Eu: Reencontraste teus familiares no além?

E: Esta é uma história estranhamente incerta. Suponho que eu esteja no inferno, por vezes, parece-me que minha esposa também está aqui, por outras, porém, não tenho muita certeza. Tão pouco quanto estou certo de mim mesmo.

Eu: E como é? Conta!

---

174 *Liber Secundus*, cap. 21, "O mago" {4} (*LN*, p. 430ss.).
175 A oração precedente não foi reproduzida no *LN*.
176 A oração precedente não foi reproduzida no *LN*.
177 A última parte da oração precedente foi substituída por "e eu fui condenado a morrer na forca" (*LN*, p. 380).

E: Às vezes, ela fala comigo, e eu lhe respondo. Até agora, porém, nunca falamos do assassinato nem dos nossos filhos. Apenas conversamos um com o outro de vez em quando, sempre de coisas sem importância, pequenos assuntos do nosso dia a dia de outrora, de modo totalmente impessoal, como se nada mais tivéssemos um com o outro. [108/109]

Eu mesmo não entendo como as coisas realmente são. Percebo ainda menos dos meus pais. Acredito que, recentemente, meu pai esteve aqui e ~~fal~~ disse algo sobre seu cachimbo que ele teria perdido em algum lugar.

Eu: Dize-me, como passas teu tempo?

E: Acho que nem existe tempo aqui; por isso, também não tenho como passá-lo. Nada acontece.

Eu: Isso não é terrivelmente enfadonho?

E: Enfadonho? Isso ainda nem passou pela minha cabeça. Enfadonho? Talvez, em todo caso, não existe nada de interessante. Na verdade, tudo é indiferente.

Eu: O diabo nunca vos atormenta?

E: O diabo? Não vi nada [109/110] dele.

Eu: Tu vens do além e nada tens a contar? Isso é difícil de acreditar.

E: Quando eu ainda estava em vida, eu também pensei frequentemente que deveria ser interessante conversar com alguém que retornasse após a morte. Agora, não vejo nada disso. Como já disse – tudo aqui é impessoal e puramente objetivo – é assim que te expressarias, creio eu.

Eu: Isso é desconfortante. Suponho que estejas no inferno.

E: Que seja – ~~adeus~~ Vejo que estou dispensado – Adeus.

Eu: Minh'alma,[178] o que significa esse visitante enfadonho do além?

"Eu o encontrei ali, um vagabundo andando às cegas como tantos outros. Eu o escolhi [110/111] porque estava mais próximo. Ele é um exemplo típico, como me parece.

Eu: Mas o além é tão incolor?

"Parece que sim. Lá, só há movimento quando chego. De resto, tudo só ondeia tediosamente de modo sombrio." O aspecto pessoal está totalmente ausente".

---

178 No LN: "Ele desapareceu de repente. Mas eu me dirigi à cobra:" (p. 381).

Eu: O que há com esse "aspecto pessoal"? Ontem, Satanás me passou uma impressão altamente "pessoal".[179]

"Acredito que sim.[180] Pois ele é o adversário eterno, pois nunca consegue estabelecer uma harmonia entre a vida pessoal e a vida absoluta".

Eu: Não é possível unir [111/112] também estes opostos?

"Não são opostos, apenas diferenças. Nunca chamarias o dia de oposto ao ano".

Eu: Isso faz sentido – mas é um tanto enfadonho –

"– como sempre quando falamos do além. Ele resseca cada vez mais, especialmente desde que nivelamos os opostos. Acredito que os mortos serão extintos em breve".[181]

---

6. II. 14.[182]

Hoje senti a abundância da beleza e da clareza.

Minh'alma, estamos no caminho certo. Tens um faro fino. [112/113]

Aqueles terríveis bancos de areia da banalidade que, antigamente, me atormentavam, se tornaram úteis.

Até mesmo o oposto se transformou em degrau proveitoso da vida.

É nisso que está a paz, a grande serenidade e beleza.

São degraus alternadamente brancos e pretos que formam a escada da vida.

"Não te expresses de modo excessivamente geral. Guarda-te contra todo e qualquer sistema. Sistemas são equívocos extensos. Somente a verdade mais própria é viva e real".

Parece-me que também te expressas de modo geral. [113/114]

"Provavelmente um pouco – mas, mesmo assim, um bom sinal de nosso comum acordo?"

Esperemos o melhor. mas não existe coisa mais fácil do que discordar de ti. És sensível.

"Se tu me ouvires e permitires que eu compartilhe do calor de tua vida, eu endurecerei aos poucos. Há tempos que desejo certa dureza saudável".

---

179 No *LN*, a oração precedente foi substituída por: "Recentemente, Satanás causou-me forte impressão, como se fosse a quintessência do pessoal" (p. 381).
180 A oração precedente não foi reproduzida no *LN*.
181 Para o comentário de Jung sobre essa passagem, cf. *LN*, p. 382-383.
182 Quinta-feira. Este registro não foi reproduzido no *LN*.

9.II.14.

[183]Parece-me que estou olhando para trás, como que para um trabalho feito. Já devo olhar para trás?[184]

"Como és curioso![185] Nada foi terminado até agora".

Como assim? Nada terminado? [114/115]

"Isso está apenas começando".

Perdoa-me, minha querida alma, mas[186] parece-me que estás mentindo.

"Incrédulo,[187] com quem estás discutindo? Sabes melhor?"

Eu não sei. Mas já me familiarizei com a ideia[188] de que tínhamos alcançado um objetivo, pelo menos um objetivo temporário ou algo semelhante a uma conclusão. Se até mesmo os mortos estão sendo extintos, o que ainda resta por vir?

"Então os vivos devem primeiro começar a viver".

Perdoa-me, essa observação poderia ser profundamente significativa, mas parece ser nada mais do que uma piada.

"Ingrato,[189] estás ficando atrevido.– Não estou brincando. A vida ainda [115/116] nem começou".

O que queres dizer com isso?

"Digo que a vida ainda nem começou. Não te sentiste um tanto vazio hoje? Chamas isso de vida?"

O que dizes é verdade. Mas estou fazendo um esforço para achar tudo bom e me contentar com pouco.

"Isso poderia ser muito cômodo. Mas podes e deves ter pretensões muito maiores".

Tenho pavor disso. Certamente não ouso pensar que conseguiria satisfazer minhas próprias pretensões, mas também não acredito que tu és capaz de ~~saciá~~ satisfazê-las. É possível que, mais uma vez, eu te subestime. A culpa disso pode

---

183 Segunda-feira, *Líber Secundus*, cap. 21, "O mágico" {5} (*LN*, p. 383ss.). O seguinte foi acrescentado no *LN*: "Quando havia encontrado a beleza em mim e comigo mesmo, falei à minha cobra:" (p. 383) – retomando o tema da primeira linha do registro anterior.
184 A cláusula precedente não foi reproduzida no *LN*.
185 A oração precedente não foi reproduzida no *LN*. No *LN*, esse diálogo ocorre com a serpente.
186 A parte precedente dessa oração não foi reproduzida no *LN*.
187 Essa palavra não foi reproduzida no *LN*.
188 O restante dessa oração foi substituído no *LN* por: "de que tínhamos alcançado um objetivo, ainda que provisório" (p. 383).
189 Essa palavra não foi reproduzida no *LN*.

ser que, recentemente, eu me aproximei de ti de forma tão humana e te achei tão [116/117] urbano.

"Isso não prova nada. Só não acredites que, de alguma forma, consegues envolver-me e incorporar-me. Para isso, és pequeno demais".[190]

Então, o que será? Encho-me de alegria e pavor diante de teu desejo de me dar ainda mais.[191]

"Tu mereceste, pois cumpriste o teu dever como homem diante dos homens".[192]

Nisso sempre devo exigir muito de mim mesmo.[193] É um pensamento doce que exista um pagamento por isso.

"Dou-te o pagamento em imagens. Vê!" [117/118]

Vejo Elias – a alguma distância atrás dele, Salomé. Elias aponta para Salomé, aquela que vê. Ela se aproxima – ele a pega pela mão e a traz até mim. Ela enrubesce e, amorosa, baixa os olhos.[194]

Ele diz: "Aqui, dou-te Salomé. Que seja tua".

Eu: Pelo amor de Deus – que farei eu com Salomé? Eu já sou casado, e não estamos na Turquia nem em outras circunstâncias patriarcais.[195]

Salomé recua intimidada.[196]

Elias: Homem inútil – como és tardo! Ela não é um lindo presente? A cura dela não é obra tua? Não queres aceitar o amor dela como pagamento merecido por teus esforços? [118/119]

Eu: Isso, Elias, me parece um presente estranho – antes um fardo do que uma alegria. Estou feliz pelo fato de Salomé sentir gratidão e me amar. Eu também a amo[197] – relativamente – quero dizer. Falando nisso, o trabalho que tive com ela foi – num sentido muito literal – arrancado de mim, não foi algo que fiz livre e intencionalmente. Se essas ac minhas ações não intencionais tiveram tamanho sucesso, eu fico muito satisfeito.

---

190 A oração precedente não foi reproduzida no *LN*.
191 No *LN*, a oração precedente foi substituída por: "Então, como vai ser? Estou pronto" (p. 384).
192 No *LN*, a oração precedente foi substituída por: "Tu tens direito a um pagamento pelo que se terminou até agora" (ibid.).
193 A oração precedente não foi reproduzida no *LN*.
194 No *LN*, esse parágrafo foi substituído por: "Elias e Salomé! A rotação completou-se, e os portões do mistério abriram-se de novo. Elias conduz Salomé, a vidente, pela mão. Ela baixa os olhos ruborizada e amorosa" (p. 384).
195 A poligamia costumava ser praticada na Turquia. Ela foi oficialmente banida por Ataturk em 1926.
196 A linha precedente não foi reproduzida no *LN*.
197 O restante dessa oração foi substituído no *LN* por: "de certa forma" (p. 384).

Elias permanece em silêncio e olha para Salomé.[198]

Sal.:[199] Deixa-o, ele é um homem estranho. Sabe Deus quais são suas motivações, mas ele parece estar falando sério. Não sou feia e certamente sou desejável para muitos – e não para os mais baixos.[200] [119/120] [201] Por que me rejeitas? Quero ser tua serva e servir-te em amor. Cantarei e dançarei em tua presença, tocarei para ti o alaúde, eu te confortarei quando estiveres triste e rirei contigo quando estiveres alegre. Guardarei todos os teus pensamentos em meu coração, tuas palavras, beijarei as palavras que diriges a mim. Colherei rosas para ti todos os dias, e todos os meus pensamentos te aguardarão e te cercarão.

Eu: Querida Salomé, eu te agradeço por teu amor. É belo ouvir falar de amor. É música e antiga e distante saudade. Vê, minhas lágrimas caem sobre tuas boas e amorosas palavras. Quero ajoelhar-me diante de ti e beijar cem vezes a tua mão, porque ela queria prestar-me o serviço do amor.

Amor? – Falas tão lindamente sobre o [120/121] amor. Jamais nos cansamos de ouvir falar do amor.

S: Por que só falar? Quero ser tua, pertencer totalmente a ti.

Eu: ~~Eu~~ És como a serpente que se enrolou em mim e espremeu o meu sangue.[202] Tuas palavras doces se enrolam em mim, e eu ~~eu~~ fico aqui como um crucificado.

S: Por que ainda crucificado?

Eu: Não vês que uma necessidade inexorável me pregou na cruz? É a impossibilidade que me paralisa.

S: Não queres romper a necessidade? Aquilo que assim chamas é realmente uma necessidade?

Eu: Meus princípios – isso soa estúpido – perdoa-me – mas tenho princípios. Não pensa que são princípios morais insossos, [121/122] são percepções que a vida me impôs.

S: Que princípios são esses?[203]

---

198 O parágrafo precedente não foi reproduzido no *LN*.
199 "para Elias" foi acrescentado no *LN* (p. 385).
200 A oração precedente não foi reproduzida no *LN*.
201 "Dirigindo-se a mim" foi acrescentado no *LN* (p. 385).
202 O volume caligráfico apresenta a seguinte observação às margens: "No cap. XI do jogo dos mistérios" (p. 386, cf. *Livro 2*, p. 196-197).
203 Os dois parágrafos precedentes não foram reproduzidos no *LN*.

Eu: És dura.[204] Mas ouve, duvido que pertencer a mim seja o teu destino. Não quero me intrometer em tua vida que pertence exclusivamente a ti, pois jamais posso ajudar-te a levá-la até o fim. E o que ganhas se, algum dia, eu tiver que relegar-te como uma roupa usada?

S: Tuas palavras são cruéis, mas verdadeiras. Mas eu te amo tanto que eu mesma poderia relegar-me quando o teu tempo tiver chegado.

Eu: Eu sei que seria o maior tormento para mim deixar-te partir assim. Mas se tu podes fazê-lo por mim, eu posso fazê-lo também por ti. Eu continuaria sem queixa, pois não me esqueço [122/123] daquele sonho que tive meio ano atrás:[205] vi meu corpo despido deitado numa rua coberta de pregos afiados, e uma enorme roda de bronze passou sobre meu peito e me destroçou.[206]

Lembro-me disso sempre que penso no amor. Se for preciso, estou pronto.

S: Não quero semelhante sacrifício. Eu quis trazer-te alegria. Não posso ser alegria para ti?

Eu: Eu não sei – talvez – talvez não.

S: Ao menos tenta.

Eu: A tentativa equivale ao ato. Tais tentativas são custosas.

S: Não queres ~~me~~ pagar o preço por mim?

Eu: Estou um pouco fraco demais, exausto demais [123/124] depois daquilo que sofri por ti para ainda poder ter mais despesas contigo. Eu não conseguiria suportá-las.

S: Se tu não me quiseres tomar, então nem eu posso te tomar?

Eu: Não se trata de tomar, mas, se é que se trata de algo, trata-se de dar.

S: Mas eu me dou a ti. Só me aceita.

Eu: Como se isso resolvesse tudo! Mas ser enredado pelo amor! Só pensar nisso é horrível.

S: Exiges então que eu seja e não seja ao mesmo tempo. Isto é impossível. Qual é o teu problema?

Eu: Falta-me a força para tomar sobre meus ombros mais um destino. Já tenho o bastante a suportar.

S: Mas, se eu te ajudar a carregar este peso? [124/125]

---

204 A linha precedente não foi reproduzida no *LN*.
205 A cláusula precedente não foi reproduzida no *LN*.
206 Mais tarde, Jung retratou isso na imagem 127 no *LN* (cf. o apêndice, p. 155).

Eu: Como podes? Terias que carregar a mim – um peso rebelde. Não devo eu carregá-lo pessoalmente?

Elias: Dizes a verdade. Cada qual carregue o seu fardo.[207] Aquele que impõe seus fardos a outros é ~~dos quais~~ seu escravo.[208] Ninguém é pesado demais para carregar a si mesmo.

S: Mas, pai, não poderia eu ajudar a carregar nem mesmo parte de seu fardo?

E: Isso não é possível, caso contrário ele seria teu escravo –[209]

S: Ou meu senhor e dono.

Eu: Isto não quero ser. Deverias ser uma pessoa livre ao meu lado. Não suporto nem escravos nem senhores. Anseio por seres humanos. [125/126]

S: Não sou eu um ser humano?

Eu: Eu te imploro,[210] sê teu próprio senhor e escravo, não pertenças a mim, mas a ti. Não carregues o meu fardo, mas o teu. Assim, tu me dás a minha liberdade humana, uma coisa que vale mais para mim do que o direito de propriedade sobre ~~alguém~~ outra pessoa.

S: Estás me mandando embora?

Eu: Eu não estou te mandando embora. Não deves estar distante de mim. Mas dá-me de tua plenitude, não do teu desejo. Não posso saciar a tua pobreza, assim como tu não podes acalmar meu desejo. Se tiveres uma colheita abundante, dá-me alguns frutos do teu jardim. ~~, se~~ Se sofreres de excesso, beberei de tua cornucópia transbordante. Sei que isso será deleite para mim. Só posso me saciar à mesa do saciado, não com as [126/127] migalhas pobres dos necessitados e saudosos. Não quero roubar o meu salário.

Não possuis nada, como podes dar? Dando, tu exiges.

Elias, velho, ouve:[211] És um judeu patriarcal, tens uma gratidão antiquada. Não entrega tua filha a um homem, mas coloca-a sobre as próprias pernas. Que ela dance, cante ou toque o alaúde para as pessoas, e que elas lhe atirem aos pés moedas cintilantes.

---

207 Um eco do provérbio "*Omnia mea mecum porto*" ("Tudo que é meu carrego comigo"), atribuído ou a Estilpo o Estoico ou a Bias de Priene.
208 A questão da moralidade de senhor e escravo ocupou um lugar proeminente no primeiro ensaio de Nietzsche, *A genealogia da moral* (Petrópolis: Vozes, 2017) e na obra de Hegel, *Fenomenología do Espírito* (Petrópolis: Vozes, 2014).
209 No *LN*, essa oração foi substituída por: "Então ele seria teu escravo" (p. 386).
210 A oração precedente não foi reproduzida no *LN*.
211 O restante dessa oração foi substituído por: "tens uma gratidão estranha" (p. 387).

Salomé, tu ouviste. – Digo-te além disso que eu agradeço teu amor – se tu me amas de verdade, vai para as feiras, dança, canta ou toca o alaúde na frente das pessoas, agrada a elas para que elas elogiem a tua beleza e tua arte.[212] [127/128] E se tiveres uma colheita rica e me amares mesmo assim, atira-me uma de tuas rosas pela janela, e se ~~alegria~~ a fonte de alegria transbordar, dança e canta também para mim. Desejo a alegria das pessoas, sua saciedade e satisfação e não seu desejo.[213]

Aos prantos, Salomé abraça seu pai.[214]

S: Que homem duro e incompreensível é este!

E: Tu mudaste desde a última vez que te vi. Falas uma língua diferente, que ~~parece~~ soa estranha aos meus ouvidos.

Eu: Meu querido profeta,[215] acredito quando dizes que me achas diferente. Mas também contigo parece ter ocorrido uma mudança. Onde está a tua serpente? [128/129]

E: Eu a perdi. Creio que tenha sido roubada. Desde então, as coisas têm sido um pouco tristes. Por isso, eu teria me alegrado se ~~tivesses~~, pelo menos, tu tivesses aceito a minha filha.

Eu: Sei onde está a tua serpente. Ela está comigo. Minha alma a trouxe[216] do submundo. Ela me dá dureza, sabedoria e poder mágico. Precisávamos da serpente no mundo superior, caso contrário o submundo teria tido a vantagem para nos prejudicar.

E: Ai de ~~nós~~ ti, maldito ladrão – Deus te castigue.

Eu: Tua maldição não tem poder. Aquele que possui a serpente não é afetado pela maldição. Bem, velho, sê esperto. Aquele que possui a sabedoria não cobiça o poder, e só possui poder aquele quem não o exerce. [129/130]

Não chores, Salomé, só é felicidade aquilo que tu mesma crias, não aquilo que recebes.

Desaparecei, meus amigos infelizes, a noite avança. Elias, extingue o falso brilho de poder de tua sabedoria, e tu, Salomé, pelo bem de nosso amor, não te esqueças de dançar![217]

---

212 No *LN*, o parágrafo precedente foi substituído por: "Salomé, agradeço teu amor. Se me amas de verdade, dança diante da multidão, agrada as pessoas, para que elogiem tua beleza e tua arte" (ibid.).
213 No *LN*, essa palavra foi substituída por "indigência" (ibid.).
214 O parágrafo precedente não foi reproduzido no *LN*.
215 No *LN*, a cláusula precedente foi substituída por: "Meu prezado ancião" (p. 387).
216 O sujeito dessa oração foi substituído por "Nós a tiramos" (ibid.).
217 Para o comentário de Jung sobre este registro, cf. *LN*, p. 388.

II. II. 14.

[218]Após dizer tudo isso, ainda ouço Salomé chorar. O que ela quer ainda? Ou o que quero ainda? Este foi um pagamento estranho, minh'alma, que me foi concedido, um pagamento que não pode ser tocado sem sacrifício e que exige sacrifícios ainda maiores quando é tocado. [130/131]

[219]"Queres viver sem sacrifícios? A vida deve custar alguma coisa".

Acredito que já paguei. Recusei Salomé[220] e, além disso, a fiz depender de si mesma. Isso não é sacrifício suficiente?

"Para ti seja talvez muito pouco. Como já disse, deves ser exigente".

O que queres dizer é:[221] exigente em fazer sacrifícios. Não foi bem assim que eu tinha entendido. Mais uma vez, enganei-me em minha vantagem, como parece. Mas dize-me, não sacrifico o bastante se eu desistir do amor de Salomé e empurrar o meu próprio sentimento para o plano de fundo?

"Mas tu não empurras o teu sentimento para o plano de fundo. Antes [131/132] te convém não ter mais que quebrar a cabeça por Salomé".

Se estiveres falando a verdade, isso é ruim. É esta a razão ~~por~~ pela qual Salomé ainda chora[222] e pela qual eu sinto a algema de ferro em meu pé esquerdo?

"Creio que sim".

O que deve ser feito?

"Ah, queres fazer? Também poderias pensar. Problemas são solucionados através do pensamento".[223]

Isso soa redentor, pois o fazer não parecia oferecer uma saída.[224] Mas o que se deve pensar?[225] Isso me parece altamente questionável. Eu mesmo deveria pensá-lo, mas confesso que, aqui, não sei o que pensar. Então venho a ti, talvez tu [132/133] tenhas um conselho. Tenho a impressão de que eu tenha que me elevar acima da minha própria cabeça. Não posso fazer isso. O que achas?

"Não acho nada, tampouco conheço um caminho".

---

218 Quarta-feira, *Liber Secundus*, cap. 21, "O mágico" {6} (*LN*, p. 388ss.).
219 No *LN*: "Cobra:" em toda a seção.
220 O restante dessa oração não foi reproduzido no *LN*.
221 "com tua maldita lógica" foi acrescentado no *LN* (p. 389).
222 O restante dessa oração não foi reproduzido no *LN*.
223 A oração precedente não foi reproduzida no *LN*.
224 A oração precedente não foi reproduzida no *LN*.
225 As duas orações seguintes não foram reproduzidas no *LN*.

Então pergunta aos do além, vai ao inferno ou ao céu, talvez encontres ali algum conselho.

"Parece-me que eu gostaria de ir ao céu".[226]

Então vai. Aguardarei.[227]

---

[228]"Tu me ouves? Estou muito distante. O céu é tão distante. O inferno está ~~longe~~ bem mais próximo da terra. [133/134]

Minha voz mal te alcança.[229] Encontrei algo para ti – uma coroa abandonada, ela estava numa rua nos espaços incomensuráveis do céu – uma coroa dourada".

Dá-me a coroa, talvez ela me diga algo.[230]

Em minhas mãos está[231] uma coroa dourada e pontuda – em cada ponta uma pérola.[232] Dentro dela estão gravadas letras gregas:[233]

Η ΑΓΑΠΗ ΜΗΔΕΝ ΕΚΠΙΠΤΕΙ.[234]

– "O amor não acaba jamais".[235]

Aparentemente, um presente dos céus. Mas o que significa a coroa?

"Aqui estou. Estás satisfeito?"

Em parte – em todo caso, eu te agradeço [134/135] pelo presente significativo. Mas ele é enigmático e teus presentes – perdoa-me –[236] me deixam um tanto desconfiado.

"Mas este presente vem do céu".

Certamente é muito lindo – mas tu sabes o que descobrimos sobre céu e inferno.

"Não exageres. Ainda há uma diferença entre céu e inferno. Eu acredito que no céu acontece tão pouco como no inferno, mas, provavelmente, de modo

---

226 No *LN*, a oração precedente foi substituída por: "Sou puxado para cima" (p. 389).
227 No *LN*, o parágrafo precedente foi substituído por: "Então a cobra transformou-se num pequeno pássaro branco que se elevou para as nuvens onde desapareceu. Eu o acompanhei por longo tempo com o olhar" (p. 389).
228 No *LN*, "Pássaro" é acrescentado aqui e em toda a seção.
229 A oração precedente não foi reproduzida no *LN*.
230 A oração precedente não foi reproduzida no *LN*.
231 A transcrição do *LN* no volume caligráfico termina aqui.
232 No *LN*, a coroa é descrita simplesmente como "uma coroa régia de ouro" (p. 389).
233 Essa palavra não foi reproduzida no *LN*.
234 O grego não foi reproduzido no *LN*.
235 Essa citação é de 1Cor 13,8. Já no fim de sua vida, Jung a citou novamente em suas reflexões sobre o amor no final de *Memórias* (p. 348).
236 Essa expressão não foi reproduzida no *LN*.

diferente. Também aquilo que não acontece pode não acontecer de modo especial".

Falas em enigmas, que me deixariam doentes se os levasse a sério. Fala, o que achas [135/136] da coroa?

"O que acho? Nada. Na verdade, ela fala por si mesma".

Queres dizer, através das palavras inscritas na coroa?

"Isso mesmo, creio que isso faça sentido para ti".

Sim, mais ou menos – mas isso mantém a pergunta terrivelmente *in suspenso*.

"Creio que isso seja intencional".[237]

Tu és irritante.

[238]"Só para aquele que não está de acordo comigo".

Realmente não estou. Mas como poderia? É cruel permanecer assim suspenso no ar.

"Este sacrifício é difícil demais para ti? Também deves poder ficar pendurado quando queres resolver problemas. Olha para Salomé!" [136/137]

Vejo Salomé. Ela não chora mais, mas olha para mim com atenção.

Eu: Tu vês, Salomé, que ainda não estás acabada. Eu flutuo e amaldiçoo meu flutuar. Estou enforcado por tua e por minha causa.[239] Na primeira vez, fui crucificado, agora fui apenas enforcado – que é menos elegante, mas não menos agonizante. Perdoa-me por querer acabar contigo, minha intenção era redimir-te, como na época, quando meu sacrifício curou a tua cegueira. Talvez, na terceira vez, eu tenha que ser degolado como ~~São~~ João Batista.[240] És insaciável? Ainda não vês nenhum caminho para te tornares sensata? [137/138]

S: Meu amado, o que tenho com isso? Eu desisti completamente de ti.

Eu: Por que, então, continuaste chorando? Sabes que não suporto ~~vê~~ ouvi-la chorar – ainda mais durante dois dias e duas noites inteiras.[241]

S: Eu pensei que fosses invulnerável desde o tempo em que possuis a vara preta.

---

237 O seguinte foi acrescentado no *LN*: "Aqui, o pássaro se transforma, de repente, de novo na cobra" (p. 390).
238 No *LN*, "Cobra" foi acrescentado aqui.
239 Em *Transformações e símbolos da líbido*, Jung comentou sobre o motivo do enforcamento na tradição folclórica e na mitologia (CW B, § 358).
240 No *LN*, ele é descrito como "como teu antigo amigo João, que nos apresentou o Cristo sofredor" (p. 390).
241 A cláusula precedente não foi reproduzida no *LN*.

Eu: Eu pensava igual, mas agora duvido disso. Numa coisa a vara me ajuda – pelo menos não sufoco apesar de estar enforcado. Aparentemente, a vara de condão me ajuda a suportar o ~~enfore~~ estar enforcado – no entanto, é um favor e uma ajuda cruéis. Não queres pelo menos cortar a corda?

S: Como poderia? Estás pendurado alto demais. [138/139] Estás pendurado na copa da árvore da vida, onde não consigo alcançar. Não consegues ajudar a ti mesmo?[242]

Eu: Precisarei ficar pendurado por muito tempo?

S: Até pensares em alguma ajuda.

Eu: Então, dize-me ao menos o que pensas sobre a coroa que a minha alma[243] trouxe do céu.

S: Tens a coroa? Sortudo, e ainda te queixas de quê?

Eu: Um rei enforcado trocaria com qualquer mendigo não enforcado na estrada.

S: (extática) A coroa – – tens a coroa.

Eu: Salomé, tem compaixão de mim. [139/140] Qual é o significado da coroa?

S: (ainda extática) A coroa – – Tu deves ser coroado. Que felicidade para mim e para ti!

Eu: Ai, o que queres com a coroa? Eu não consigo entender.[244]

S: (irada) Então fica enforcado até entenderes.

Eu me calo, suspenso no alto sobre o chão num galho balouçante.[245] Minhas mãos estão amarradas e me sinto totalmente impotente.

De que adianta pedir a Salomé? Ela não pode ou não quer ajudar.[246]

12. II. 14.[247]

De ~~quando~~ onde virá ajuda?

[248]"Buscaremos ajuda das nuvens, [140/141] que passam por sobre a tua cabeça, se nada mais nos ajudar".

---

242 "tu, conhecedor da sabedoria das cobras" foi acrescentado aqui no *LN* (p. 391).
243 No *LN*: "meu pássaro anímico" (ibid.).
244 "e sofro tormento indizível" foi acrescentado aqui no *LN* (p. 391).
245 "em galho balouçante da árvore divina, para que assim já os antepassados não pudessem abandonar o pecaminoso" foi acrescentado aqui no *LN* (ibid.).
246 Esse parágrafo foi substituído por: "Estou dependurado há três dias e três noites" no *LN* (p. 391).
247 Quinta-feira.
248 "Pássaro:" foi acrescentado no *LN* (p. 391).

Vejo que minha alma fala. Na forma de um pequeno pássaro branco, ela está sentada num galho perto de mim, triste e cabisbaixa.[249]

Queres buscar ajuda das nuvens? Como isso seria possível?

"Irei e ~~vou~~ tentarei".

O pássaro levanta voo como uma cotovia ascendente, ficando cada vez menor até, finalmente, desaparecer nas densas nuvens cinzentas que cobrem o céu. Saudoso, sigo a ave com meu olhar e nada vejo senão o infinito céu de nuvens cinzentas sobre mim, impenetravelmente cinzento, monotonamente [141/142] cinzento e ilegível – ilegível? Como se uma escrita pudesse aparecer no céu – ~~xx~~ mas a coroa – ela trazia uma inscrição: η αγαπη μηδεν εκπιπτει[250] – o amor não acaba jamais – isso significa enforcamento eterno? Não foi à toa que desconfiei quando a minha alma trouxe a coroa – a coroa da vida eterna – a coroa da misericórdia[251] – a coroa do martírio – tudo coisas ominosas, que são perigosas e ambíguas – ?

Estou cansado, cansado não só de estar enforcado – cansado da luta por todas essas incomensurabilidades.

Lá no fundo, debaixo dos meus pés, está a coroa enigmática, reluzindo em brilho dourado em [142/143] terra cinzenta indeterminada. Eu não flutuo – não, estou pendurado ou, pior, estou enforcado entre céu e terra – e não me canso de estar enforcado – pois eu poderia me deleitar para sempre nisso, mas η αγαπη μηδεν εκπιπτει[252] – isso é realmente verdade, o amor jamais acabará? O que foram boas-novas para aqueles, são o que para mim?

"Isso depende inteiramente do conceito".

É um velho corvo, pousado não longe de mim – filosoficamente imerso em si mesmo.

Eu: Por que do conceito?

Corvo: De teu conceito e daquele conceito de amor. [143/144]

Eu: Eu sei, velha ave da desgraça, estás falando do amor celestial e terreno.[253] O amor celestial seria lindo, mas somos seres humanos, e, justamente por

---

249 No lugar desse parágrafo, *LN* diz: "Ali está pousado o meu pássaro, a cobra que vestiu sua roupa branca de penas. Pássaro:" antes do parágrafo precedente (p. 391-392).
250 O grego não foi reproduzido no *LN*.
251 Essa cláusula não foi reproduzida no *LN*.
252 O grego não foi reproduzido no *LN*.
253 Swedenborg descreveu o amor celestial como "empregos amorosos em nome de empregos, ou bens em nome de bens, que um homem realiza para a igreja, seu país, a sociedade humana e um concida-

sermos humanos, eu concentrei minha mente em ser um homem completo e íntegro.

C: És um ideólogo – idealista seria menos correto.

Eu: Corvo estúpido, afasta-te de mim.

Eu vejo a pequena serpente preta; ela se enrolou num galho e me olha com o cego brilho perolífero de seus olhos.[254]

Eu: Irmã e vara preta de condão – o que dizes?[255] [144/145]

Serp.: Creio que seja necessário ter paciência. Aqui, nenhuma magia adiantará. Minha arte mágica de nada serve aqui.[256] Eu, sem nada a fazer, me enrolei neste galho para aguardar futuros eventos. Você pode me usar na vida, mas não no enforcamento.

Olho para a coroa – ela gira em silêncio – mais rápido agora – tudo gira com ela, a terra inteira gira – eu tenho, porém, estou pendurado, calmo e imóvel. Quão cósmico isso parece ser! Como se eu estivesse enforcado acima do polo da terra![257] À minha frente, no ar, está Satanás, em sua forma tradicional de sempre – "um carrossel cósmico", [145/146] ele exclama com riso desdenhoso[258] – "isso de é o resultado da reconciliação dos opostos – "abjura, e imediatamente estarás de volta na terra móvel".

Eu: Eu não abjuro – não sou imbecil – se este for o desfecho de tudo, que seja o fim.

Serpente: Onde está tua inconsequência? Por favor, lembra-te dessa importante regra da arte de viver.

Eu: O fato de eu estar pendurado aqui já é inconsequência suficiente. Vivo segundo inconsequências ad nauseam. Não me transformei em ser enigmático para o meu ambiente? Que mais podes querer? [146/147]

Serp.: Talvez inconsequência no lugar certo –?

---

dão", diferenciando esse amor do amor-próprio e do amor do mundo (*Heaven and Its Wonders and Hell: From Things Heard and Seen*, trad. J. Rendell. Londres: Swedenborg Society, 1920, p. 554ss.).

254 "Não é a minha cobra?" foi acrescentado aqui no *LN* (p. 392).

255 "Pensei que tivesses voado como pássaro para o céu, e agora estás aqui? Trazes ajuda?" foi acrescentado aqui no *LN* (ibid.).

256 No *LN*, as três orações precedentes foram substituídas por: "Eu sou apenas uma minha metade. Não sou uma, mas duas, sou o um e o outro. Estou aqui apenas como o serpentino, o mágico. Mas a magia não ajuda aqui em nada" (p. 393).

257 No *LN*, as três orações precedentes foram substituídas por: "No pior dos casos, estou disposta a levá-lo para o Hades. Conheço o caminho para lá" (ibid.).

258 No *LN*, a aparição de Satanás é descrita assim: "No ar, diante de mim, condensou-se uma figura negra, Satanás, com um sorriso sarcástico. Gritou-me:" (p. 393).

Eu: Para! E eu sei o que é lugar certo e errado?

Sat.: Uma pessoa que lida de modo tão soberano com os opostos sabe o que é direito e esquerdo.

Eu: Cala-te, és partido.

Mas se o pássaro branco viesse e me trouxesse ajuda, isso me acalmaria – temo que estou ficando fraco.

Serp.: Não sejas estúpido – fraqueza também é um caminho – magia ~~faz~~ corrige o erro.

Sat.: Tem coragem para a fraqueza – queres ser um homem completo – os homens são fortes? [147/148]

Eu: Minh'alma,[259] será que não encontras o caminho de volta? Tu te levantaste e partiste porque é impossível viver comigo?

Ah, Salomé! Ela aparece no horizonte. Vem até aqui, Salomé! Outra noite se passou. Eu não te ouvi chorar, mas eu estive e ainda estou enforcado.

S: Eu não chorei mais porque fortuna e infortúnio equilibram em mim sua balança.

Eu: Eu também estou equilibrado – mas como![260] Minh'alma, o pequeno pássaro branco se foi e ainda não voltou. Não sei de nada e não entendo nada. Isso tem a ver [148/149] com a coroa? Fala!

S: O que devo dizer? Procura em ti mesmo.

Eu: Não consigo, meu cérebro é como chumbo – só consigo implorar ajuda. Não sei se tudo desmorona ou se tudo está parado. Toda a minha esperança está em minha alma.[261] Se ela não trouxer redenção, então – então não sei o que acontecerá.

Ai, não seria possível que ser pássaro é o mesmo que estar enforcado?

Sat.: Conciliação dos opostos! Direitos iguais para todos! Doidices!

Eu: Ouço um pássaro chilrear – [149/150] És tu, minh'alma? Estás voltando?

"Se amas a terra, estás enforcado, se amas o céu, estás flutuando".

Eu: O que é terra? O que é céu?

"Tudo embaixo de ti é terra, tudo acima de ti é céu. Tu voas quando aspiras àquilo que está acima de ti, estás enforcado se aspiras ao que está embaixo de ti".

---

259 No *LN*: "Meu pássaro branco" (ibid.).
260 A oração precedente não foi reproduzida no *LN*.
261 No *LN*: "em meu pássaro branco" (p. 394). A oração seguinte não foi reproduzida no *LN*.

O que está acima de mim? O que está embaixo de mim?

"~~Tudo~~ Acima de ti está o que vai além de ti, embaixo de ti está o que volta para baixo de ti".

E a coroa, desvenda-me o enigma da coroa! [150/151]

"Coroa e serpente são opostos e um. Não viste a serpente, como ela coroou a cabeça do crucificado?

Eu: Eu não entendo.

"Qual foi a palavra que a coroa te trouxe? – O amor não acaba jamais – este é o mistério da coroa e da serpente.

Eu: Mas Salomé? O que acontecerá com Salomé?

"Tu vês, Salomé é o que tu és. Voa, e crescerão asas nela".

As nuvens se dividem, o céu se enche com o vermelho do pôr do sol,[262] [151/152] o sol mergulha no mar no horizonte e, com ele, eu deslizo lentamente da copa da árvore para a terra. Sinto terra firme. Em paz e silêncio, cai a noite.[263]

15. II. 14.[264]

Desde então, porém, as coisas estão estranhas – nem quentes nem frias – nem para frente nem para trás.

Consultarei a minha alma sobre aquilo que haverá de acontecer.

O que achas sobre a situação atual?

"Acredito que é estranho o que acontece agora".

E o que é que acontece?

"Algo está acontecendo, mas a arte é justamente descobrir o que está acontecendo". [152/153]

E tu sabes o que está acontecendo?

---

262 "do terceiro dia que terminou" foi acrescentado no *LN* (p. 394).
263 Para o comentário de Jung sobre os dois últimos registros, cf. *LN*, p. 394-397. Em 13 de fevereiro, ele apresentou "Sobre o simbolismo dos sonhos" à Sociedade Psicanalítica de Zurique, após a continuação de uma discussão de um artigo de Alphonse Maeder sobre sonhos (*JÁ, MZS*). Ele começou com uma crítica a teoria dos sonhos de Freud e então apresentou sua concepção do significado dos sonhos, que ele descreveu como a solução simbolicamente esboçada para problemas. Ou seja, muitas vezes, um sonho simplesmente apresentava um problema – ou uma alusão simbólica a ele, caso a pessoa não fosse capaz de compreender o problema em si. Quando o sonho trazia um material subliminal à consciência, ele tinha uma função compensadora, e quando indicava simbolicamente uma solução, ele tinha uma função finalista. Por fim, ele apresentou uma série de exemplos de símbolos de sonho típicos, indicando como Freud os interpretaria e como ele o faria. Para um relato mais abrangente, cf. meu livro *Jung and the Making of Modern Psychology*, p. 143ss.
264 Quinta-feira. Este registro não foi reproduzido no *LN*.

"Eu também não sei. Mas sempre tenho os recursos para me informar".

É muito agradável saber disso.

"Ou também desagradável, pois é custoso ser informado. Isso não ocorre de graça".

O que queres dizer com isso? Acreditas que é custoso chegar ao fundo das coisas?

"Certamente. Todos sempre têm a capacidade de descobrir o que está acontecendo, mas nem todos conseguem pagar o preço. É muito exaustivo".

Eu também já pensei isso. É um esforço muito especial e exaustivo. O que achas, o esforço vale a pena?

"Acredito que sim, i. e., se contanto que tenhas o tempo para isso". [153/154]

Não achas que, no fim das contas, o tempo possa ser usado de forma melhor?

"Melhor? Para quê? Existem boas razões para buscar tais coisas. Mas tu sabes disso há muito tempo".

Correto, no fundo, eu sei disso. Mas tortura-me o pensamento se isso prosseguirá e se alcançaremos um fim e como tudo isso se dará.

"É claro que gostarias de saber isso. Mas o futuro é sombrio, e todas as coisas futuras ainda precisam ser feitas".

A incerteza e a imprevisibilidade são difíceis de suportar.

"Naturalmente, mas quem disse que o fardo seria leve para aquele que deseja criar o futuro e não apenas vivenciá-lo?"

A incerteza, porém, dificulta muito esse trabalho.

["]O que queres? O incerto é [154/155] incerto. Certo é apenas aquilo que crias." Mas Também o valor daquilo que fazes é duvidoso, isso é inevitável, pois não tens meios para, de alguma forma, determinar o valor de coisas atuais; isso se manifesta apenas mais tarde, se tiverem algum valor. É preciso viver com a incerteza. Isso é totalmente evidente; pelo que apenas um intelectualista pode se incomodar com isso".

Eu não me incomodo muito com isso. Eu só quero que as coisas sejam tão confortáveis quanto possível.

"Bem, é isso que chamo descaradamente honesto. Isso é um progresso".

Graças a Deus, achas pelo menos que estou fazendo algum progresso. A palavra em si já me faz bem.

"Parece-me que sentes falta do diabo. Não há pressa e nervosismo em dose suficiente para ti". [155/156]

De forma alguma, gosto da tranquilidade. Mas a cabeça me pressiona, como se estivesse grávido. Anseio o parto.

"Tua gravidez ainda não terminou. Não quero falar sobre paciência o tempo todo".

Eu também não, mas não temos certeza de nada.

"Então para – que certezas gostarias de ter?"

Não quero mais nenhuma. Estou falando em termos gerais.

"Então não queres entrar no tema".

Deve ser isso. Só de pensar nisso fico doente.

"Pega o chicote e põe teu cavalo para correr. Ele não está cansado, mas preguiçoso. Cansaço é outra coisa". [156/157]

O que devo fazer?

"Deves estar preparado para pegar o que passar por ti voando".

Nada está passando voando.

"É claro que está, tu só não queres pegá-lo porque temes o esforço. Eu faço algo passar voando o tempo todo".

~~Eu~~ Sim, é verdade, mas são coisas terrivelmente entediantes.

"Queres coisas sensacionais. Esse desejo precisa passar. Então, o que queres pegar?"

Não posso evitar – mas há algum tempo vejo uma régua diante de mim, uma régua reta e comum. Fiquei enjoado, pois é terrivelmente enfadonho.

"Ainda não dominas a arte de tornar a vida interessante". [157/158]

Tornar a vida interessante para si mesmo – este é mais um de seus preciosos lugares-comuns, que, antigamente, me enlouqueciam.

["]Vês como o lugar-comum é efetivamente verdadeiro e bastante certeiro em teu caso. Não sejas tão esnobe. Via de regra, o lugar-comum é uma verdade universal e uma grande certeza. E é isso que queres. Bem, toma tua régua e não despreza este instrumento. Imagina só a calamidade se não tivéssemos réguas. Os fundamentos da cultura seriam abalados, e o homem que voltasse a inventar a régua seria o maior benfeitor da humanidade. Tu te esqueces sempre de quão valiosas são as coisas pequenas que te cercam todos os dias".

És um pedante terrível. [158/159]

"Tu provocas isso".

A régua – então – é preta como a minha vara de condão. Esta é, portanto, também uma régua. É difícil não zombar. E ela também é reta. Falo do teu estilo, como vês. Nesta ocasião em que a vara de condão reaparece, naturalmente, volto a ser tomado de curiosidade pelo significado da vara de condão. É – como me parece – uma questão muito sombria.

"Olha para tua régua!"

Vejo como duas mãos a pegam cuidadosamente pelas extremidades e a colocam numa mesa – e uma das mãos a usa para traçar uma linha ~~vermelha~~ reta. Como pequena digressão, devo te dizer que faço um esforço enorme para [159/160] engolir o meu tédio.

"Fica calmo – estou te segurando. Não se deve fugir de uma régua".

Isso é crueldade animal, e não estou gostando nada disso.

"És insuportável".

Não tenho nenhuma vontade de demonstrar qualquer indignação. Posso desistir também diante de uma régua. Não sinto necessidade nenhuma de ser importante. Até o meu tabaco acabou. Por isso, não posso continuar a escrever. Estou convencido demais da importância das coisas pequenas para poder declarar minha independência das circunstâncias citadas. Tu não me assustas e não me seduzas. [160/161]

Espero que te declares superado.

"O sucesso dirá".

Tudo bem, eu correrei o risco.

---

22. II. 14.[265]

Não pensei em retornar tão cedo. Mas tuas realizações são tão curiosas e maravilhosas, ó minh'alma, que eu tive que retornar logo. Não estou falando de coisas que sabes, mas quero te dizer que tudo da realização que me foi dada ainda ressoa em mim. Eu não julgo, mas quase teria julgado e quase isso teria me derrubado. Na noite passada, um sonho me mostrou em meu jardim; muitas fontes puras tinham brotado do solo, e a água jorrava [161/162] por toda parte. Diligentemente, canalizei toda a água até uma vala profunda, que devolvia a água ao ventre da terra.

---

[265] Domingo. Este registro não foi reproduzido no *LN*.

Retorno agora com esse sonho, pois parece-me que devo voltar para a profundeza.[266]

Dize, o que pensas?

"Penso que estás no caminho certo".

Se eu estiver no caminho certo, então dize-me, para onde ele levará?

"Não me pergunta, olha!"

———

Vejo uma planície ampla – tufos de capim alto – terra seca – um céu azul no alto. A distância, vejo gado, arrebanhado por sertanejos a cavalo com longas lanças e largos chapéus de palha.

Um dos sertanejos de [162/163] rosto moreno e magro – ele me parece familiar – uma estranha semelhança comigo – está diante de mim – o que isso significa?

Quem és?

G: Um alemão para quem a pátria alemã se tornou enfadonha demais.

Eu: Aqui é melhor para ti?

G: Melhor e pior. Vivemos aqui de maneira muito primitiva com todas as vantagens e desvantagens dos primitivos. Mas somos livres e irrestritos, e isso vale o preço que pagamos.

Eu: Não te arrependes de ter deixado para trás a civilização?

G: Talvez, eu me arrependeria, mas esta vida te faz esquecer as coisas que não tens.

Eu: Mas não sentes falta da cultura por toda parte? [163/164]

G: Não, na verdade, não – de alguma forma, levo a cultura comigo em meu interior, como um tipo de tensão e anseio interiores.

Eu: Isso não é angustiante?

G: Ah não, a vida primitiva exterior já nos tortura o bastante. Por isso, o desejo de cultura pouco nos atormenta. É, antes, um sentimento agradável e pressagiador.

Eu: Mas não te incomoda o fato de tua vida transcorrer de forma tão isolada e de nunca alcançares o topo de tua capacidade cultural? Qualquer índio xx

---

266 Em 6 de novembro de 1915, Jung escreveu uma carta a Hans Schmid, na qual ele se referiu a esse sonho (cf. introdução, p. 45).

poderia ocupar a tua posição. Tu, porém, poderias alcançar algo muito melhor se ~~estivesses~~ vivesses na cultura.

G: Bem – podes ter razão. Mas esta vida livre maravilhosa – é impossível largá-la. A vida nas cidades ~~é uma~~ significa mutilação. Um a mais ou [164/165] a menos na civilização – que diferença faz o indivíduo?[267]

Eu: E se todos pensassem assim? O que seria da obra cultural da humanidade?

G: Estou longe de querer afirmar que meu comportamento deva ser exemplar – nunca fui e não quero ser um exemplo. No entanto, insisto em meu direito de viver a minha individualidade. Se todos pensassem como eu, talvez a situação da civilização fosse outra. Quantos covardes e fracotes tens entre vossos artesãos culturais que participam apenas por causa de sua covardia e fraqueza, mas que, no fundo, prefeririam fazer outra coisa, se seu medo lhes permitisse?

Eu: Nesse ponto, preciso conceder que tens razão. [165/166] Mas ainda não consigo me reconciliar com o pensamento de que preferes levar uma vida tão estéril, em que te entregas aos teus instintos selvagens, mas em que teus dons intelectuais não são usados.

G: Eles são usados – no entanto, creio que apenas para mim mesmo. Mas será que os homens da cultura pensam um pelo outro? Cada um pensa apenas em si sempre que possível. Um homem que pensa pelos outros é ou uma exceção ou um filósofo, que só pensa pelos outros sob a condição de que todos os outros pensem e repitam o seu sistema!

Eu: Dessa forma, o filósofo age também como educador, mesmo que suas intenções sejam muito egoístas. Sem egoísmo, nenhum trabalho cultural

---

[267] Em 1912, Jung tinha escrito sobre as consequências danosas da vida urbana: "As pessoas mais lúcidas sabem que atualmente se propõe uma questão sexual. O desenvolvimento rápido das cidades, com a especialização da mão de obra, acarretou uma extraordinária divisão de trabalho; a industrialização crescente da região rural, o sentimento cada vez maior de insegurança, privam os homens de muitas oportunidades de descarregar suas energias afetivas. A atividade periódica e rítmica do camponês lhe proporciona satisfações inconscientes, por causa de seu conteúdo simbólico; o operário fabril e o empregado de escritório não conhecem e jamais poderão desfrutar de tais satisfações; a vida mergulhada na natureza, os belos momentos em que o camponês, como o senhor que faz frutificar a terra, mergulha o arado no solo e com um gesto de rei espalha sementes para a futura colheita; o medo legítimo do poder destrutivo dos elementos, a alegria pela fecundidade de sua esposa, gerando filhos e filhas que também significam um acréscimo da força de trabalho e um bem-estar maior, de tudo isto fomos privados, nós, homens da cidade, trabalhadores mecanizados" ("Novos caminhos da psicologia", OC 7/1, p. 147).

[166/167] seria feito. Às vezes, o modo como algo é feito, é decisivo. Muitas vezes, porém, o modo como algo é feito não é decisivo, mas sim o fato de que algo seja feito. Como eu já disse, parece-me que tu te esquivas de teu trabalho cultural.

G: Como és moralista. Não acreditas nos direitos da personalidade?

Eu: Sim, eu ~~também~~ acredito neles, mas também acredito na tarefa cultural. Esse trabalho é maior do que o indivíduo e seus direitos incontestáveis.

G: Mas, se eu me sentir mais confortável como gaúcho?

Eu: É exatamente este o ponto em que surgem as minhas dúvidas. Pois não acredito totalmente que tu te sentes mais confortável como semisselvagem do que quando assumes [167/168] teu trabalho cultural. A vida que levas aqui não ultrapassa os teus limites; assim estás limitado demais a despeito de tua liberdade ilimitada. Ausência de limitação só existe se tua obra te transcender.

G: Devo admitir algo: tu me vês aqui como vaqueiro, mas não tenho sido isso durante toda a minha vida. Mais cedo, eu não te disse a verdade sobre as razões que me levaram a deixar a minha pátria.

Lá, eu tinha uma tarefa, eu estava no meio de um trabalho, e esse trabalho transcendia os meus limites, ele me transcendia de modo imensurável, e eu trabalhava completamente sozinho – e essa imensidão me esmagava. Eu vi a infinitude da minha tarefa, e minha fé e coragem evaporaram. Fugi para o deserto e abdiquei à cultura. Preferia sofrer todas as torturas [168/169] de uma vida semisselvagem primitiva ao fardo insuportável de uma tarefa imensurável, que me esmagava! Sim, desisto, pois sou fraco demais para suportar a infinitude. Sim, retornei para o finito, para a vida humana limitada cuja tarefa se apaga juntamente com ela.

Prefiro estar a sós com os animais perigosos do deserto a estar com aquela tarefa terrível – tenho minha espingarda e espertez – e a vitória é, pelo menos, possível. Mas essa tarefa que é maior do que nós mesmos – ? Aqui, tenho meus companheiros que podem vir ao meu socorro – lá, ninguém te ouve – pelo contrário, colocam obstáculos em teu caminho, só para que tu não penses [169/170] que talvez conseguirias enfrentar tamanha tarefa. Eu me livrei do impossível e retornei para o possível.

Eu: Parece-me, porém, que teriam existido outras possibilidades entre tua vida ~~xx~~ antiga e tua vida atual. Não era necessário correr diretamente para o deserto quando não conseguiste resolver tua tarefa provavelmente exagerada.

Não teria sido possível limitar a tua tarefa?

G: Tu és sensato e tens opiniões equilibradas. Alguma vez, porém, já saboreaste a infinitude? Alguma vez já sentiste a dor e a destruição que acometem aquele cuja força se esgotou para continuar a empurrar o bloco imenso? Alguma vez já saboreaste a amargura [170/171] que é oferecida àquele que deseja criar algo que o transcende? E o que devo dizer sobre o abandono, a solidão, o inferno do desespero – ?

Eu me livrei disso. Consegues entender isso?

Eu: Creio que entendo, meu irmão. O coração humano possui direitos que não devem ser xx contestados – – –

Permanecemos em silêncio por muito tempo, porque, a esta altura, devemos nos calar. Não podemos discutir com a necessidade do coração humano.

Eu: Meu irmão, entendo tua fuga. O fardo era pesado demais. Não havia ninguém que te entendesse?

G: Talvez – mas de que adiantaria? O medo me sufocava, e só recuperei a consciência quando cheguei no fundo, quando pude apertar a natureza contra o meu peito. [171/172] Bebi a água pura da liberdade como alguém que morria de sede. Desde então, voltei a viver.

O que me teriam ajudado compreensão e consolo humano? Eles compensam este deserto livre, esta natureza desimpedida?

Eu: Devo concordar contigo. Mas não posso concordar com tua permanência no deserto. Não és covarde nem fracote. Se és capaz de tamanha renúncia, então és também capaz de voltar a enfrentar tua difícil tarefa. Não sejas frenético em tua consequência, mas permite que falem contigo. Parece-me que já passaste tempo demais aqui. O trabalho te espera.

———

[172/173]
23.II.14.[268]

Isso lembrou ocamente – o dia de ontem. Parece que ainda não consigo. Quero retornar para a minha obra. O que ainda me detém?

"A sede de fama".

---

268 Segunda-feira, *Líber Secundus*, cap. 21, "O mágico" {7} (*LN*, p. 397ss.). Os seis primeiros parágrafos desse registro foram substituídos no *LN* por: "Como eu estivesse de tal modo sozinho sobre a terra, cercado por nuvens de chuva e pela noite que caía, veio rastejando até mim minha cobra e me contou uma história:" (p. 450).

É possível? Pensei que tinha superado esse vício.

"Superado? O que chamas superação? Simplesmente a negaste e não a aceitaste. Como sabemos, isso não é superação".

Mas como devo fazê-lo? No máximo, posso tentar não permitir que eu seja determinado por isso.

"Aceita".

Se tu dizes que eu sofro de sede de fama, deves estar certo. [173/174] Mas onde e como – isso permanece obscuro para mim.

"Então ~~vê~~ ouve!"

———

Era uma vez um rei que não tinha filhos. Mas ele queria ter filhos. Por isso, procurou uma mulher sábia, que vivia na floresta, e lhe confessou todos os seus pecados. Então ela disse: "Senhor rei, fizeste o que não deverias ter feito. Mas já que aconteceu, aconteceu, e agora precisamos ver como podes fazer melhor no futuro. Toma meio quilo de banha de lontra, enterra-o na terra e deixa passar meio ano.[269] Então escava aquele mesmo lugar e vê o que encontras". Assim falou a mulher sábia.[270] Mas o rei voltou para casa, triste e envergonhado.[271] [174/175] Ele escavou um buraco no jardim e colocou nele meio quilo de banha de lontra, que ele tinha conseguido com grande esforço. Passado meio ano, ele escavou o mesmo local.[272] Para a sua surpresa, descobriu que a gordura tinha desaparecido completamente e que em seu lugar estava uma criancinha adormecida. Ele a pegou e levou para a sua esposa. Imediatamente, ela a colocou em seu seio e pasmem – seu leite fluiu com abundância. A criancinha, porém, cresceu e se tornou grande e forte. Transformou-se em um homem que era mais forte do que todos os outros. Mas quando o filho do rei alcançou a maturidade, ele se apresentou ao pai e disse:

"Sei que tu me geraste através de magia, e não nasci [175/176] como os outros homens. Tu me criaste a partir do arrependimento de teus pecados, isso

---

269 No *LN*, o período foi mudado para nove meses (p. 397).
270 A oração precedente não foi reproduzida no *LN*.
271 "O rei foi para casa envergonhado e desolado porque se havia humilhado diante da bruxa na floresta. Mas obedeceu à instrução dela" foi acrescentado aqui no *LN* (p. 397-398).
272 No *LN*, essa oração foi substituída por: "Deixou passar noves meses./Decorrido este tempo, foi novamente de noite ao mesmo lugar onde estava enterrado o pote e o desenterrou" (p. 398).

me torna forte, não nasci de nenhuma mulher, isso me torna esperto. Sou forte e esperto, por isso exijo o teu reino".

O velho rei se abalou com o conhecimento de seu filho, ainda mais, porém, com seu desejo impetuoso.[273] Por isso, decidiu matar o seu filho.[274] Visto, porém, que seu filho era tão forte, ele o temia e, por isso, decidiu recorrer a um truque. Ele voltou para a feiticeira na floresta e pediu o seu conselho.

Ela disse: "~~Tu~~ Senhor rei, desta vez não me confessa~~s~~ais nenhum pecado, pois pretend~~e~~eis cometer um pecado. Aconselho que enterr~~e~~eis novamente uma panela com banha de lontra [176/177] e que a deix~~e~~eis enterrada meio ano.[275] Então escava~~a~~i a terra novamente e ~~vê~~vede o que aconteceu".

O rei fez o que a feiticeira lhe aconselhara. E a partir daí, seu filho foi ficando cada vez mais fraco, e, passado meio ano, quando o rei retornou para o lugar em que se encontrava a panela, ele pôde escavar o túmulo de seu filho. Ele o colocou na vala em que se encontrava a panela vazia.

O rei se entristeceu e, quando não conseguiu controlar a sua melancolia, ele voltou para a feiticeira e pediu seu conselho.

Ela, porém, disse: "Senhor rei, quiseste um filho, mas quando o filho [177/178] desejou ser rei, tendo a força e a espertiza para isso, tu não quiseste mais um filho. Por isso, perdeste o teu filho. Por que lamentas? Tens tudo, senhor rei, que quiseste".

Mas o rei disse: "Estás certa. Eu o quis assim. Mas eu não queria esta melancolia. Não conheces nenhum remédio contra o arrependimento?"

A feiticeira disse: "Senhor rei, enterra novamente uma panela com banha de lontra e vê após meio ano o que se encontra na panela".[276]

O rei fez como havia sido instruído, e, a partir de então, sua felicidade retornou, e ele não sabia por quê. Passado meio ano, ele escavou o local [178/179] em que se encontrava a panela e encontrou nela um menino adormecido, e ele reconheceu que essa criancinha era seu filho falecido. Ele aceitou o menino, e, a partir daí, ele crescia em uma semana o que outras crianças crescem em um ano, e após vinte semanas, ~~seu~~ o filho se apresentou novamente ~~a ele~~ ao pai e

---

273 "do poder real. Calou-se e pensou: 'O que foi que te gerou? Banha de lontra. Quem te carregou? O ventre da terra. Eu te tirei de um pote, uma bruxa me humilhou'" foi acrescentado aqui no *LN* (p. 398).
274 Essa expressão foi substituída por "Decidiu então fazer com que seu filho fosse morto" (ibid.).
275 No *LN*, esse período foi mudado para nove meses (ibid.).
276 No *LN*, esse período foi mudado para nove meses (p. 399).

exigiu seu reino. Mas o pai ~~sabia~~, já ciente de tudo que aconteceria, e se levantou do trono e abraçou com lágrimas de alegria o seu filho e o coroou rei.

O filho, porém, que agora havia se tornado rei, se mostrou grato ao pai e o honrou até a sua morte.[277]

───────

[179/180] Minh'alma,[278] eu realmente não sabia que és também uma contadora de contos de fadas. Mas agora dize-me, como devo interpretar este[279] conto de fadas?

"Não interpreta demais, mas sente através dele.[280] Imagina que és o velho rei e que tua obra é teu filho. Assim tens te comportado em relação ao teu trabalho e assim deves te comportar".[281]

Creio que consigo entender isso;[282] mas o que significa a feiticeira?

"A feiticeira é uma mulher materna cujo filho deves ser, pois és uma criança que se renova em si mesma".

Ah não, ~~sou~~ serei incapaz de me tornar um homem?

"Masculinidade tens o bastante, além disso, [180/181] infância em abundância, para a qual necessitas da mãe".

Eu tenho vergonha de ser uma criança.

"Assim matas teu filho. Uma pessoa que cria precisa da mãe, pois não és mulher".

Essa verdade é terrível. Eu imaginava e esperava poder ser um homem.

"Isso não é possível se quiseres ser um criador. Criar significa – mãe e filho".

A ideia de ser obrigado a permanecer uma criança é insuportável.

"Se fores apenas um homem, o trabalho criativo acabou.[283] Para o bem de tua obra,[284] deves ser uma criança [181/182] e entregar-lhe a coroa".

A ideia de permanecer uma criança é humilhante e destruidora.

---

277 No *LN*, a última expressão foi substituída por: "enquanto ainda viveu" (ibid.).
278 No *LN*, essa expressão foi substituída por: "Mas eu disse à minha cobra: 'Realmente, minha cobra'" (ibid.).
279 Essa palavra foi substituída por "teu" no *LN* (ibid.).
280 A oração precedente não foi reproduzida no *LN*.
281 A oração precedente não foi reproduzida no LN. O seguinte foi acrescentado aqui no LN: "Eu: 'Quem é o filho?'/S: 'Ora, eu pensei que tivesses falado agora mesmo de um filho que te dá pouca alegria'./Eu: 'Como? Tu não estás pensando – devo coroar a ele?'/S: 'Sim, quem mais seria?'" (p. 399).
282 No *LN*, a oração precedente foi substituída por "Isto é sinistro" (ibid.).
283 A oração precedente não foi reproduzida no *LN*.
284 No *LN*: "teu filho" (p. 399).

"Um antídoto salutar contra a sede de fama!"[285] Não resistas à necessidade de ser criança, caso contrário, resistas à obra,[286] que é o que mais desejas!"

É verdade, quero cumprir a minha obra, mas o preço que devo pagar por isso ~~eu~~ é alto.[287]

"Tua obra é ainda mais alta".[288] És sempre menor do que a tua obra e sempre muito mais fraco do que a criança dentro de ti. Esta é uma verdade amarga, mas não há como poupar-te dela. Não sejas teimoso. Crianças devem ser educadas".

Teu escárnio é doloroso. Todos [182/183] rirão de mim.[289]

"O homem da zombaria – sabes quem se chamava assim?"[290]

Eu sei, mas é indizivelmente amargo.

"Tenho paciência contigo quando outros não têm.[291] Ouvirás palavras consoladoras de mim quando outros zombarem de ti e te insultarem e ferirem. Estou junto à fonte pura da vida, que ninguém pode turvar. Meus poços fluirão para ti e te oferecerão a bebida da redenção, quando a seca secar toda a terra e todos te procurarão para implorar pela água da vida.

Mas subjuga-te à tua obra".[292] [183/184]

Onde, onde apreenderei o imensurável? Meu conhecimento e minha habilidade são pobres, minha força não basta para muito.

[293]"Que minha ajuda te baste. Jamais pergunta pelo amanhã, o hoje te basta. Não precisas te preocupar com os recursos. Deixa que tudo cresça, que tudo floresça – uma obra cresce por si mesma".[294]

Eu me rendo.[295]

---

285 No *LN*: "poder" (ibid.).
286 No *LN*: "o filho" (ibid.).
287 No *LN*, essa oração foi substituída por: "É verdade, eu quero o filho e viver para mais além. Mas o preço é alto" (p. 400).
288 No *LN*: "o filho" (ibid.).
289 No lugar desse parágrafo, *LN* diz: "Maldita zombaria!" (ibid.).
290 Isto é, Cristo. Cf. Mt 27,27-31. A cláusula precedente e a oração seguinte não foram reproduzidas no *LN*.
291 A cláusula precedente e as duas orações seguintes não foram reproduzidas no *LN*.
292 No *LN*: "o filho" (p. 400).
293 No *LN*, no lugar disso: "Então a cobra movimentou-se, enrolou-se como um nó e falou:" (p. 400).
294 No *LN*: "o filho cresce por si mesmo" (ibid.).
295 A oração precedente não foi reproduzida no *LN*. Para o comentário de Jung sobre este registro, cf. *LN*, p. 400-401.

28 II 14.[296]

Eu me rendi. Foi difícil – e a vida seguiu caminhos novos.

Minh'alma, desejas algo?

"Desejo nada. Estamos cansados de todas as lutas difíceis. Precisamos de [184/185] descanso.

Despe-te de tudo["].

9. III. 14.[297]

Parece que me exauri um pouco. Hoje, minha cabeça estava estranhamente nublada. Isso significa que devo retornar para ti, meu livro?

Minh'alma, fala e deixa-me ouvir o que se passa na profundeza. Traze notícias das coisas que estão por vir. Parece-me que escondo um caos no fundo de mim.

"É isso. Caos é a palavra certa".

Sinto que preciso de ~~um~~ alívio. Não podes trazer nada das profundezas para mim que alivie a tensão interior? [185/186] Sei que ainda não alcancei a minha obra. Mas tu conheces as dificuldades.

"Sê perseverante em teu trabalho".

Acredito que estou sendo. Tua admoestação tem novamente um tom muito disciplinador. Por favor, deixa de platitudes e procura alcançar algo mais profundo. Estou falando sério.

"Então ouve: não existe coisa mais estúpida sob o sol do que corvos".

Por quê? Céus, tu és surpreendente.

"Não te surpreendas. O corvo é o animal do qual falaste recentemente. O que ele disse quando estavas pendurado na árvore?"[298]

Eu realmente não me lembro [186/187] mais. Eu só me lembro de que era algo mais doutrinário e racional.

"Vai e confere".

Encontrei: ele falou do meu conceito de amor. Como vim a entender posteriormente, ele não estava tão errado, na verdade, estava totalmente certo.

"Mesmo assim, é estúpido".

Por quê? Não entendo isso.

---

296 Sábado. Este registro não foi reproduzido no *LN*.
297 Segunda-feira. Este registro não foi reproduzido no *LN*.
298 Cf. acima, *Livro 4*, p. 258s.

"Ele é estúpido por falar do 'conceito de amor'. Não temos conceito de amor".

Isso é verdadeira e totalmente o teu estilo. Mas, por favor, expressa-te de forma mais clara.

"Tu realmente cresceste. Já és verdadeiramente rude comigo. [187/188]. ⊧ No entanto – sabes que atinges a ti mesmo. Então ouve: querer entender o amor já é totalmente falaz e o início de muitos males. O amor não se compreende, não se deve compreender, simplesmente o temos – ou não".

Então imaginas o amor como algo totalmente irracional?

Se quiseres colocá-lo em termos filosóficos, podes chamá-lo assim. Portanto, é simplesmente ruim querer compreender o amor".

Eu reflito e tento descobrir onde me tornei culpado desse intelectualismo. – Realmente não sei onde.

"É teu trabalho diário. Sempre procuras razões pelas quais tu dás amor e porque recebes amor. [188/189] Isso deve ser evitado".

Isso soa estranho. Não devemos prestar contas disso?

"Sob nenhuma circunstância. Interrompes o processo que é vital para ti e para os outros. O amor é o órgão de percepção mais sensível. Apenas ele te permite ler a tua alma e a alma dos outros. Não há como querer mexer com isso. Ele é e será, é e passará e abriga em si um sentido infinito".

Queres me proibir qualquer pensamento sobre isso? Para que, então, serve a nossa razão?

"A razão vem depois".

É claro que totalmente para o nosso detrimento. É difícil aceitar essa proposição.

"Vale a tentativa". [189/190]

Parece-me que já experimentei o bastante, com êxito positivo e negativo. Não entendo ao que visas.

"Eu também não. Mas tive que dizer isso".

Não te deixarei ir. Preciso saber tudo.

"Para abusar de tudo?"

Como chegas a essa suspeita?

"Bem – para proteger-te".

Não se pode agir contra uma percepção racional, menos ainda quando não se sabe coisa melhor.

"Essa razão é boa, mas não é exatamente o que pretendo dizer".

O que, então, queres dizer? Estás [190/191] me irritando novamente.

"Não é? Conheces esse estilo? Achas que os outros acham agradável quando falas assim?"

Estás certo. Este é um ponto que devo lembrar. Neste caso, porém, não entendo absolutamente nada.

"Ouve: Era uma vez um jardineiro que semeou sementes de flores. Mas então vieram os pássaros, que comeram as sementes. Então o jardineiro armou arapucas e armadilhas de cola. No dia seguinte, quando veio para o jardim – o que ele tinha capturado? Um tentilhão".[299]

Estás falando de mim?

"De quem mais ser?"

Só me resta ter paciência contigo. Se me comparas com um tentilhão [191/192], devo supor também que isso tem algum sentido. Mas não consigo enxergar esse sentido. Não queres me instruir sobre isso?

"Eu te agradeço, estás ficando gentil. Aparentemente, estás reagindo melhor a uma linguagem um pouco mais forte.

O tentilhão caiu na armadilha, não porque comeu das sementes, mas porque cair em toda armadilha faz parte de sua natureza."

Estás dizendo que eu ou meu amor caímos numa armadilha ou que cairemos numa armadilha?

"Estou dizendo as duas coisas. A libido O amor sempre cai na armadilha."

Mas isso contradiz à experiência. [192/193] Não posso aceitar isso.

"E nem precisas aceitá-lo incondicionalmente. Verdades não devem ser aceitas absolutamente".

Dizes coisas que esclareci há muito tempo. Sei que meu amor caiu na armadilha e, às vezes, eu também, ciente de que eu também posso cair na armadilha. E Mas não posso nem quero calar a vida. Falando nisso – o que há contigo? Sempre fazes rodeios quando falas. O que queres de verdade?

"Eu sou teu espelho. O que vai, volta".

Então estou desesperadamente sozinho, mesmo contigo, minh'alma. Pensei estar em companhia contigo, mas tudo indica [193/194] que estou sozinho contigo.

---

299 "Gimpel", em alemão, pode significar também "otário".

"E estás. Enxergas o valor do amor? xx Para o tentilhão, a cola é mais desejável do que o estar a sós consigo mesmo. Aprende a tola sabedoria desse pássaro".

Tu me levas ao desespero. O amor que dou não basta?

"Não, o que tomas não basta".

Como eu poderia?

"Permite que sejas amado, não pensa em devolvê-lo".

Isso me parece amoral.

"Não te esqueças que já fazes um favor às pessoas quando permites que elas te amem".

Mas elas querem ser pagas por isso. [194/195]

"Isso só vale para o teu amor. Os outros ainda precisam aprender a amar. Aprendizes não recebem um salário menor?"

Este é um ensinamento cruel.

"Ele só exige o sacrifício de teus preconceitos masculinos. Deves intensificar o anseio dos outros. Assim, eles se tornam modestos".

Eu já não faço isso em medida suficiente?

"Nem de longe. Serves demais. Deves exigir".

Mas como deve ser meu comportamento prático?

"Sê exigente e torna-te raro".

Isso significa – contenção máxima por minha parte? [195/196]

"A maior possível. Mas permite a aproximação".

Isso não me agrada, mas obedecerei.